프롭테크

#PropTech

A guide to how
property technology
is changing how
we live, work and
invest.

Richard W J Brown

The Property Voice

#프롭테크

리처드 W J 브라운

부동산 기술은 어떻게 세상을 바꾸는가

MABL
Books

목차

* 기존 〈#프롭테크〉 표지 디자인을 각색한 버전입니다.

안녕하세요.

더 프롭테크 보이스의 운영자이자 이 책의 저자인 리차드 브라운입니다. 한국에서 이 책의 번역본을 처음으로 출간해주셔서 대단히 감사합니다. 글로벌 프롭테크 시장에서 최근 영국의 성장세가 놀랍습니다. 글로벌 IT 강국인 한국 역시 마찬가지라고 알고 있습니다. 이 책이 한국 프롭테크의 성장과 발전에 더욱 기여하였으면 하는 바람입니다.

이 책에는 영국 프롭테크를 이끄는 각계 전문가들의 목소리가 담겨 있습니다. 독자 여러분이 이 책을 통해 생생한 현장의 목소리를 만끽할 수 있으리라 믿습니다. 한국에서 나온 최초의 프롭테크 번역서라고 들었습니다. 부족하지만 이 책이 영국과 한국 간의 프롭테크 교류를 시작하는 데 이바지할 수 있다면 영광입니다.

이 책을 선택하고 번역서 출간을 진행해 준 김병직, 정재헌, 주창욱 세 분께도 특별한 감사의 말씀을 전합니다.

다시 한번 첫 번째 번역서 출간을 축하드리며 이 책을 읽는 독자들이 프롭테크 연구와 비즈니스에서 큰 성공을 거두기를 바랍니다.

#프롭테크 저자 리처드 W J 브라운

면책 조항 Disclaimer

이 면책 조항은 이 출판물과 전자책 형태의 이용에 적용됩니다. 이 책이나 전자책을 이용하면 면책 조항을 완전히 수용하는 것입니다.

이 책은 독자에게 프롭테크에 대한 유용한 정보와 영감을 제공하기 위한 것입니다. 이 정보는 조언이 아니며 조언으로서 받아들여져서는 안 됩니다. 책 속의 내용은 저자 혼자만의 표현이자 의견입니다.

저자나 출판사는 어떠한 유형의 전문적인 조언도 제공하지 않습니다. 참조는 정보 제공 목적으로만 제공되며 어떤 것도 보증하지 않습니다.

이 책에 실린 외부 참고 내용, 링크 및 웹 사이트가 변경될 수 있습니다. 독자에게는 이 책 속의 자료를 안전하고 타당한 방식으로 사용할 것을 권합니다.

법률, 재정, 투자, 세무, 회계 또는 적절한 자격을 갖춘 전문가의 기타 조언에 대한 대안으로 이 책이나 전자책의 정보에 의존해서는 안 됩니다. 앞서 언급한 문제에 대해 구체적인 질문이 있는 경우에는 적절한 자격을 갖춘 전문가에게 문의하십시오.

아래의 관련 법률이 허용하는 최대 범위 내에서 책이나 전자책과 관련된 어떠한 진술, 보증, 약속 및 보증도 배제합니다.

당사는 합리적인 통제 범위를 벗어난 이벤트 또는 그것으로 인해 발생하는 손실을 책임지지 않습니다. 특히 이익, 수입, 수익, 사용, 생산, 예상 절감액, 사업, 계약, 상업적 기회나 영업권의 손실 또는 손해를 포함해 이를 넘어서는 모든 사업 손실과 관련해서 책임을 지지 않습니다.

당사는 데이터, 데이터베이스 또는 소프트웨어의 손실 또는 손상에 대해 책임을 지지 않습니다.

당사는 특별하거나 간접적이거나 중대한 어떠한 손실 또는 손상에 대해 책임을 지지 않습니다.

이 면책 조항은 영국 법에 따라 규율·해석되며, 이와 관련한 모든 분쟁은 잉글랜드 법원과 웨일즈 법원의 배타적 관할권에 따릅니다.

Copyright 2018 Richard WJ Brown(The Property Voice)은 등록번호 8271894로 잉글랜드와 웨일즈에 등록된 업체 카사메트로(Casametro Ltd.)에 이 책 또는 전자책의 콘텐츠와 출판 라이선스를 부여합니다.

판권 소유. 이 출판물의 어떠한 부분도 출판사나 저작권 소유자의 사전 서면 승인 없이는 전자적 복사, 기계적 복사 등을 포함한 어떤 수단으로도 복제, 검색 시스템에 저장하거나 전송할 수 없습니다.

추천사

유선종 교수(건국대 부동산대학원 프롭테크 주임교수)

4차 산업혁명으로 표방되는 기술 발달이 부동산 시장에 접목되면서 태동한 프롭테크는 부동산산업의 다양한 영역에 많은 변화를 가져오고 있습니다. 빅데이터, 인공지능AI, 가상현실AR/VR, 사물인터넷IoT, 블록체인, 드론Dron, 자율주행차, 로봇공학, 디지털 추적 기술, 3D프린팅, 무인매장, 가상피팅 등 유통혁신 사례들이 확산되는 등 IT가 접목되면서 부동산산업은 과도기에 놓여 있습니다.

프롭테크산업은 기존 부동산산업에 4차 산업혁명의 다양한 방법론과 IT를 접목한 것으로, 부동산 서비스의 질적 측면이 크게 개선되어 부가가치가 제고되는 분야입니다. 프롭테크의 디지털화가 계속되고 실제 기존의 부동산산업에서 이루어지던 업무가 부동산 플랫폼으로 이전되면서 프롭테크를 통한 부동산 시장의 생산성은 더욱 확대될 것으로 보입니다.

빅데이터의 발전과 정보 처리 속도의 향상을 기반으로 정보 격차를 완화하는 프롭테크산업의 경쟁력은 서비스의 접근성에서 나타납니다. 전통적인 부동산산업은 인적 자원을 중심으로 운영했기 때문에 대면 서비스가 중심이었지만 프롭테크산업은 대부분의 서비스를 웹이나 앱을 통해 비대면으로 제공할 수 있다는 차이가 있습니다. 이렇게 비대면Untact을 통한 서비스의 제공에는 서비스를 공급할 수 있는 시간과 장소에 대한 제약이 없어 더 많은 수요자에게 더 많은 서비스를 더 낮은 가격으로 공급할 수 있게 됐습니다.

코로나19로 인해 시작된 사회적 거리 두기로 과거에는 불가능하다고 여기던 재택근무가 보편화되면서 이에 대한 직장인들의 인식도 달라졌습니다. 또한 5G 등 IT 관련 인프라의 중요성과 줌Zoom 같은 소프트웨어는 사회의 새로운 트렌드로 자리 잡아가고 있습니다. 핑거트래픽Finger Traffic, 온라인 상의 유동인구이 강조되는 온라인 시장은 사회적 거리 두기를 하기 전에도 물류 시장의 변화로 인해 오래전부터 오프라인 시장을 위협해왔습니다. 다양한 양태로 온라인과 오프라인시장을 연결하는 연결고리는 이전에도 다양하게 있었으나 이러한 언택트 기조로 인해 온라인 부문의 성장이 두드러졌습니다. 이러한 변화는 전통적으로 리테일 매장에 가서 쇼핑하던 기존의 트렌드를 온라인으로 물건을 사거나 주문하는 것으로 바꾸어 놓았고, 이러한 언택트Untact의 여파는 부동산 시장의 지도를 뒤흔들고 있습니다.

프롭테크와 관련해 산업의 다양한 변화와 현상을 담아 놓은 책, 즉 부동산산업 종사자와 이러한 변화를 알고자 하는 일반대중이 읽을 수 있는 책이 아직 많지 않은데 이 책은 더 프로퍼티 보이스 팟캐스트The Property Voice Podcast의 프롭테크 시리즈로 콘테크ConTech, 스마트홈과 사물인터넷, 빅데이터와 인공지능, VR, 공유경제, 핀테크Fintech, 블록체인과 암호화폐, 에드테크EdTech, 스마트시티 등 시대의 변화와 관련된 내용을 함축하고 있습니다.

글로벌 프롭테크 전공의 주임교수로서 수업에 사용할 수 있는 참고

문헌을 찾던 갈증을 해소시켜주는 좋은 책이 학생들의 손으로 만들어져서 기쁩니다. 프롭테크산업의 트렌드를 알고자 하는 독자에게 영국을 비롯한 유럽의 프롭테크 시장을 이해할 수 있는 좋은 지침서가 될 것으로 생각합니다.

심교언 교수(건국대 부동산대학원 건설 개발 주임교수)

부동산은 다른 산업과 달리 변화가 빠르지 않은 곳입니다. 단어의 의미 그대로 '움직임'이 '없기' 때문이죠. 그래서 부동산 관련 산업은 세상의 급속한 변화에도 그간 변화가 많지 않았습니다.

하지만 4차 산업혁명의 거센 물결을 부동산산업도 거스를 수는 없어, 어느덧 우리 곁에 부동산과 기술의 결합이 성큼 다가와 있습니다. 아직 낯선 단어이지만 '프롭테크'라고 하는 이 결합은 이미 전 세계가 겪고 있는 변화의 모습이자 방향입니다.

이 책은 우리보다 조금 먼저 이 변화를 시작한 영국의 사례를 조목조목 잘 정리한 책입니다. 국내뿐 아니라 세계적으로도 프롭테크 서적이 흔치 않는 상황에서, 이를 번역한 책이 나왔다는 것은 가뭄에 단비 같은 소식입니다.

영국은 우리보다 훨씬 먼저 산업혁명을 시작한 나라이지만, 프롭테크는 불과 몇 년 일찍 시작했을 뿐입니다. 이 책을 읽는 독자들이 우리나라 프롭테크산업의 성장을 주도하고, 나아가 글로벌 프롭테크 선진국으로 도약하는 계기를 만들 수 있기를 바랍니다.

남성태 교수(건국대 부동산 대학원 겸임교수/ Urban Land Insti-tute 한국지부 프롭테크 분과장/ 프롭테크 기업 집펀드 대표)

세상이 빠르게 바뀌고 있습니다.

하지만 코로나로 인한 일상의 변화부터 인공지능과 로봇 등 기술의 변화까지 광범위한 분야에서 빠른 변화가 나타날 때, 우리는 변화의 속도에 익숙해져 변화를 변화로 인식하지 못하게 됩니다. 외부에서는 쉽게 관찰할 수 있는 변화도 내부에서는 알기 어려운 것처럼, 변화의 한가운데 서 있는 우리들은 파편화된 변화의 단서들을 통해 큰 줄기를 이해하려는 노력이 필요합니다.

부동산은 이러한 현상의 변화부터 사람들의 변화까지 관찰할 수 있는 쇼케이스이자 수많은 아이디어의 시험장이기도 합니다. 부동산은 기술적 관점에서 저투자된 시장이라는 저자의 견해에 덧붙이고 싶은 점은 디지털 기술과 가장 거리가 멀어보였던 거대한 오프라인 기반의 부동산 시장이 오히려 디지털화로 인해 가장 큰 기회를 만들어낼 수 있는 시장이라는 것입니다.

이 책은 제가 건국대학교 부동산대학원에서 강의한 '프롭테크의 이해' 수업을 들은 학생들이 이 주제에 관심을 가지고 공부하며 번역한 책입니다. 산업혁명과 도시화를 먼저 경험한 영국에서의 사례가 영역별로 잘 소개되어 있어 부동산이나 IT 업계에 계신 분이나 관심을 갖고 공부하는 분들이 변화의 흐름을 이해하는 데 좋은 입문서가 될 것입니다.

신민철 교수(건국대 부동산대학원 겸임교수, 빗썸커스터디 대표)

2020년은 오랫동안 기억될 것이 분명합니다. 전 인류가 코로나에 의한 엄청난 변화를 겪었고 하루빨리 그 이전의 평화로운 시절로 돌아가길 기원하고 있습니다. 하지만 이러한 변화들 중에서 더 이상 예전의 방식으로 회귀하지 않을 것도 많다고 합니다. 그중에 대표적인 것 중의 하나가 바로 부동산이 전통적으로 우리 사회에서 누려왔던 지위와 역할에 대한 것들입니다.

18세기 이전에는 토지와 노동이 생산의 요소였고, 산업혁명 이후에는 자본이 추가되어 토지, 노동, 자본을 흔히 생산의 3요소라 불러 왔습니다. 코로나 사태로 인해 더욱 가속화된 4차산업 혁명으로 인한 전 지구적인 변화로 토지, 부동산이 전통적으로 담당했던 생산 요소로서의 역할이 변화하고 있습니다.

본인이 건국대학교 부동산대학원에서 '기술혁신과 부동산'이라는 주제로 강의를 진행함에 있어서 이렇게 빠르게 움직이는 기술 트렌드와 부동산산업과의 역학 관계를 정리한 텍스트북의 필요성을 누구보다 절실히 느끼고 있었습니다.

그러던 차에 이처럼 세계적 프롭테크 석학인 리차드 브라운의 역작이 번역·출간되는 데에 기뻐하지 않을 수 없었습니다. 특히나 이러한 작업이 주경야독하는 본 대학원의 학생들이 출간했다는 점 역시 뜻깊습니다.

이 책에서 다루고 있는 내용들은 반갑게도 제가 한 학기 동안 강의했던 줄거리와 매우 유사합니다. 아마도 기술변화와 부동산의 상관관계를 이해하고자 하는 관점이 서로 다르지 않다는 점을 의미할 것입니다.

매일 매일 등장하는 새로운 기술과 화려한 수식어들에 현혹될 필요는 없습니다. 세상의 모든 것은 어떠한 원리에 의해서 일어나게 마련이고, 현상보다 원리에 집중할수록 세상은 이해가 깊어집니다. 그러기위해서는 기술변화라는 현상에 대해서 항상 관심을 가지고 어떠한 선입견에 치우침이 없이 관찰하려는 자세가 필요합니다. 원리에 대한 이해와 현상에 대한 지속적인 관찰이 더해질 때 앞으로 부동산 분야뿐 아니라 사회 전반에 영향을 미칠 수 있는 혁신적인 아이디어가 나올 수있을 것입니다.

이 책에는 부동산과 관련해서 다양한 기술변화들이 어떻게 일어나고 있는지 원리와 더불어 다양한 사례와 분석을 담고 있어 프롭테크와 부동산에 관심 있는 분뿐만 아니라, 누구나 한 번쯤 읽어볼 만한 책이라고 생각합니다. 집을 구하고 거주하며 부동산에 투자하는 것은 누구에게나 해당되는 일이니까요.

이 책을 통해 많은 독자가 이 새로운 분야에 대해 알아가고 남들이 찾지 못한 기회를 발견해서 반도체와 휴대폰으로 상징되는 우리나라 IT산업을 프롭테크로 다시 열어가기를 바랍니다.

김원상(원빌딩 창업주, 원랩 대표이사, 건국대 부동산대학원 제28대 원우회장)

프롭테크 열풍이 거셉니다. 하지만 그동안 이 변화의 바람이 어디로 향할지 알기 어려웠지요. 이런 상황에서 우리나라에서 처음 출간되는 이 책은 우리 모두에게 귀중한 방향타가 되어줄 것입니다. 진심으로 축하드립니다.

저는 25년 전 우리나라 최초로 빌딩 중개사업을 시작했습니다. 그리고 몇 년 전부터 새로운 시장을 개척하며 얻은 경험을 어렵사리 데이터베이스로 정리하고 앱을 만들어 활용하기 시작했습니다. 그 시절 이런 책이 있었다면 훨씬 효과적으로 이런 일들을 해 나갈 수 있었겠지요. 이는 저뿐만 아니라 부동산 각 분야에 종사하거나 연구하는 분들께도 마찬가지일 것입니다.

현장에서 느끼는 변화의 속도는 엄청납니다. 어제의 정답이 오늘 맞지 않는 경우도 다반사입니다. 이렇게 빠른 기술의 발전 속도를 프롭테크 선진국인 영국 사례를 통하여 지금이라도 따라갈 수 있게 되어 참 다행이라고 생각합니다. 나아가 하루가 다르게 발전하는 한국의 프롭테크 산업이 더 넓은 세계를 무대로 활약할 날도 기대해봅니다.

이러한 변화를 만들어갈 수 있도록 바쁜 시간을 쪼개 귀한 역작을 만들어 준 부동산 대학원 원우들에게 다시 한번 감사와 찬사를 보냅니다.

김기원(건국대 부동산대학원 테크포럼 의장, 데이터노우즈 대표)

빅데이터와 인공지능을 기반으로 우리나라 부동산 시장을 분석해 책으로 펴내고 관련 사업을 시작한 지 2년이 되었습니다. 이제는 부동산 시장에도 4차 산업혁명의 바람이 거세게 불고 있습니다. 이를 증명하듯 상당히 많은 프롭테크 스타트업이 생겨났고, 부동산과 관련한 기존 기업들이 프롭테크에 상당한 관심을 가지고 있으며 투자 사례들이 이어지고 있습니다. 그동안 우리나라에도 부동산과 IT를 결합한 프롭테크 기업이 많이 출현하고 성공을 거두었지만 체계적으로 정리한 지침서가 없다는 점이 항상 아쉬움으로 남았습니다.

'부동산 기술이 어떻게 세상을 바꾸는가'라는 이 책의 부제처럼 향후 기술은 부동산에 엄청난 파괴적 혁신을 가져올 것으로 기대됩니다. 그런 의미에서 꼭 필요한 때 꼭 필요한 좋은 책을 만들어 준 건국대 부동산대학원 동문들에게 감사하다는 말을 전하고 싶습니다.

이 책은 프롭테크 선진국인 영국에서 방송한 The Property Voice라는 팟캐스트를 분야별로 엮어 놓은 것입니다. 프롭테크라는 용어에 생소한 분들에게는 좋은 소개 자료가 될 것이고 관련된 연구나 사업을 하는 분들께는 좋은 참고 자료가 될 것입니다. 이 책을 시작으로 앞으로 더 많은 연구와 사업을 통해 우리나라 프롭테크산업이 더욱 발전하기를 기원해 봅니다.

강영훈(붇옹산의 부동산스터디 대표)

1990년대 후반 인터넷이 본격적으로 우리 곁으로 들어오면서 닷컴 시대가 열렸을 때, 그리고 2010년 전후로 스마트폰과 함께 인터넷이 손바닥 안으로 들어오면서 세상의 패러다임은 크게 변했습니다. 이러한 거대한 판의 변화는 도태된 기존의 강자들을 해체하고 기회를 잡은 새로운 주인공들을 탄생시켰죠. 부동산 시장 또한 그러한 커다란 판의 변화의 중심에 있다고 생각됩니다.

Proptech, Property + Technology

부동산에 기술이 더해지면서 앞으로 이제까지 접근해왔던 것과는 전혀 다른 방향으로 부동산, 부동산 정보를 소비하게 될 것이라 생각됩니다. 이러한 변화 속에서 누가 기회를 먼저 잡을 수 있을까요? 남들보다 먼저 프롭테크에 관심을 갖고 준비하는 사람이 아닐까요?

아직 프롭테크라는 용어조차 낯선 환경 속에서, 영국의 앞선 사례들을 번역한 책이 우리나라에도 나왔다는 것은 정말 단비 같은 일이 아닐 수 없습니다. 저도 한번 이 책으로 열심히 공부해 보겠습니다.

양지영(양지영R&C 연구소장, 전 리얼투데이 컨텐츠본부장)

요즘 많은 사람들이 부동산에 관심을 가지고 있지만 부동산산업의 변화와 발전 방향에 대해 고민하는 사람은 많지 않습니다. 하지만 우리의 안식처이자 재테크 수단이 되는 부동산의 현재는 물론 어떻게 변화할 것인지에 대한 고민은 분명 매우 중요한 일입니다.

그런 점에서 이 책은 부동산의 미래라 할 수 있는 프롭테크를 통해 막연하게 알던 부동산을 새로운 시각으로 혹은 부동산의 미래를 고민할 수 있는 좋은 기회를 만들어 주었습니다. 부동산 등 관련 업계는 물론 부동산의 미래를 고민하고 관심이 있는 분들이라면 이 책을 놓치지 마시길 바랍니다.

윤지해(부동산114 수석연구위원)

부동산의 느린 변화와 IT의 빠른 변화가 결합되면 각각의 단점을 보완하는 새로운 혁명, 즉 프롭테크PropTech 신세계가 열립니다. 저는 전문가로서 이 책을 접하면서 부동산에 한정된 시각을 기술 분야까지 넓히는 계기를 마련할 수 있었습니다.

프롭테크는 앞으로 우리의 삶은 물론 부동산의 거래, 투자, 개발, 관리 등 사회 전반을 획기적으로 바꿀 것입니다. 대한민국이 마주하게 될 변화의 물결을 이 책을 통해 가장 먼저 경험하시길 권합니다.

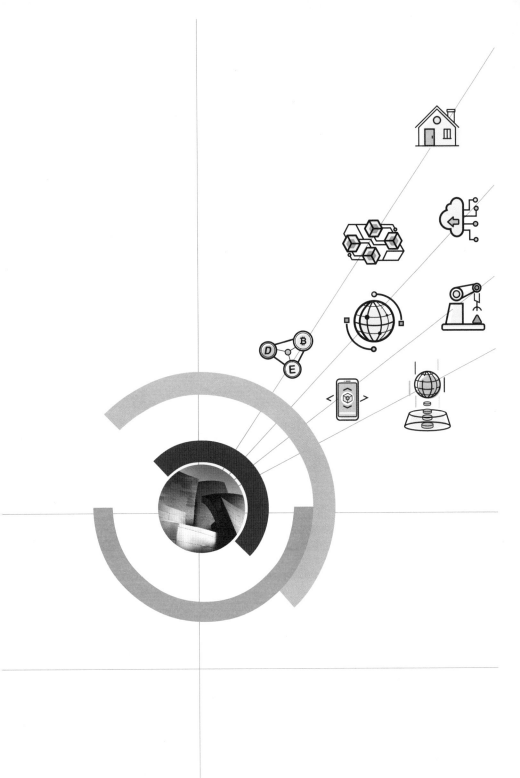

감사의 말

이 책은 팟캐스트 '더 프로퍼티 보이스'를 통해 진행된 프롭테크 시리즈를 기반으로 구성됐습니다. 사랑하는 청취자 여러분이 10만 회 가까이 다운로드했고 업계 인플루언서, 학자, 언론인, 회사 설립자 등 다재다능한 프롭테크 전문가들을 아우르는 아주 특별한 초대 손님들과 함께한 26개 에피소드 끝에 여기까지 왔습니다.

이 프로젝트를 프로젝트답게 만들어 준 많은 분들께 진심으로 감사의 말을 전합니다. 여러분이 나눠준 통찰과 지혜, 경험, 시간에 감사드립니다. 그 도움 없이는 이 책도 출간될 수 없었습니다. 각각의 주제에 대한 그들의 지식은 저보다 훨씬 뛰어납니다. 그러니 여러분도 언제든지 편하게 연락해서 감사의 말씀을 전하고, 프롭테크와 관련한 모든 문제에 대해 문의해보면 어떨까요?

· 앤드류 바움Andrew Baum, 영국 옥스퍼드대 사이드비즈니스스쿨 교수

· 댄 휴즈Dan Hughes, 영국 부동산 컨설팅사 LIQUID REI(전 RICS) CEO

· 리처드 하트필드Richard Hatfield / 말콤 맥마흔Malcom McMahon 영국 건설 설계사 그린하트 지속 가능 건설Greenheart Sustainable Construction 이사

· 매트 고프Matt Gough, 영국 건설 자문사 메이스그룹Mace Group 혁신 담당 임원

· 앤디 콕스(Andy Cox), 영국 홈 오토메이션업체 ThroughMyTV.com MD

마크 트럽Marc Trup , 영국 자산관리 SW업체 아서온라인Arthur Online 이사

제임스 데이비스James Davis, 영국 부동산 중개업체 유패드upad Ltd CEO

톰 슈리브Tom Shrive, 영국 부동산 AI관리 플랫폼 애스크포터Ask Porter CEO

던 라일Dawn Lyle, 영국 부동산-건축 3D 솔루션업체 아이크리에이트iCreate 공동설립자

윌 핸들리Will Handley, 영국 부동산 중개업체 홈렌터HomeRenter CEO

레이 라피크 오마르Ray Rafiq -Omar, 영국 부동산 핀테크업체 언모기지Un-Mortgage 전 설립자, 프리Free.co.uk 현 대표

이산 말히Ishaan Malhi, 영국 부동산 핀테크업체 트러스Trussle 공동설립자

이안 토마스Ian Thomas, 영국 부동산 핀테크업체 렌드인베스트Lend Invest 공동설립자

도미닉 윌슨Dominic Wilson, 영국 부동산 사모펀드 운용사 피아이랩스Pi Labs공동설립자

야콥 드라자즈가Jakob Drzazga, 독일 암호화폐 거래플랫폼 업체 브릭블럭BrickBlock 공동설립자

그렉 린지Greg Lindsay, 캐나다 비영리단체 뉴시티즈재단New Cities Foundation 선임연구원

프롭테크 리뷰의 제임스 디어슬리James Dearsley와 핀치캐피털Finch-Capital의 아만 게이Aman Ghei가 해당 부문의 전반적인 홍보 지원과 일부 게스트 소개를 각각 맡아준 것에 대해 꼭 얘기하고 싶습니다.

말 그대로 모든 일을 가능하게 해준 베르가못PRBergamot PR의 헬

렌 폴락Helen Pollock, 인터뷰 일정을 도와준 니나 카민스카야Nina Kamin-skaya, 모든 행정 지원을 맡아준 카렌 탄Karen Tan, 제 말 중 최소 절반은 그럴듯하게 들리게 해준 더 팟캐스트 호스트The Podcast Host의 매튜 맥린Matthew McLean에게 큰 감사를 드립니다. 모든 것을 아름답고 읽기 쉽게 만들어 준 제 딸이자 디자이너 나탈리아 포트Natalia Porto에게도 특별한 고마움을 전합니다.

마지막으로 함께 저녁시간을 포기하면서 저의 글쓰기와 팟캐스팅을 항상 지지해 준 아내 카티아Catia 덕분에 마지막 녹음과 원고 마감 시한을 지킬 수 있었습니다! 사랑해요, X

이 책을 돌아가신 아버지 윌리엄 존 브라운(또는 빌), 그리고 아버지를 기억하는 많은 분께 바칩니다. 아버지는 당신이 품고 있던 글쓰기에 대한 열망, 불씨를 제게 전해줬습니다. 저와 제 형제들이 태어나고 삶에 치이며 당신의 불씨가 완성된 원고로, 타오르는 불꽃으로 승화되지는 못했지만 진정한 불꽃은 저와 형제들 속에 살아 있습니다. 아버지, 당신은 모르셨겠지만 제게 '글쓰기 유전자'와 영감을 주셔서 고맙습니다. 이 책은 아니지만, 감사하게도 제 첫 책은 보셨죠. 언젠가는 이 책에 대해서도 다 말씀드릴게요!

아버지, 편히 잠드세요. 당신의 1등 아들로부터… 다른 녀석들이 끼어들기 전에 시간 순으로.

머리말

많은 사람이 부동산에 관심을 갖고 있습니다. 우리는 부동산에서 살고, 일하고, 쇼핑합니다. 부동산은 실제로 존재하죠. 발로 걸어찰 수도 있고, 볼 수도 있고, 아주 빨리 변하지도 않습니다. 특히 이 마지막 포인트가 중요합니다.

(부동산에 대해서는) 잠깐이 아닌 수십 년을 내다보고 의사 결정을 내립니다. 이 분야는 업무 프로세스에서 고용까지 실체성과 안정성에 기반을 두고 있습니다.

반면 기술은 보통 형태도 없이 믿을 수 없을 정도로 빠르게, 끊임없이 진화하고 있습니다. 그래서 훌륭하지만 완전히 반대인 이 두 분야를 결합한다는 데 큰 의문이 드는 것도 놀랍지 않습니다.

오랜 기간의 검토가 관행적인 부동산과 달리, 다른 분야들은 디지털 트랜스포메이션digital transformation, 디지털 전환이라는 여정에서 훨씬 앞서 있습니다. 대신 우리는 이 분야들이 맞닥뜨린 경험에서 교훈을 얻을 수 있습니다. 디지털 카메라로의 전환, 온라인 영화 대여나 새로운 택시 호출 방법 등 기술이 빠르게 변화하는 분야에는 잘 정리된 사례가 많습니다. 이 외에도 기술은 최종 소비자의 경험을 개선하는 데 도움이 됐습니다. 소위 '시장 파괴자'가 성장할 수 있었던 모든 경우는 기존 업체가 기회를 놓쳤기 때문이라는 것도 주목해야 합니다.

어떤 비즈니스든 미래 계획을 세우려면 지금 무슨 일이 일어나고 있는지 알아야 합니다. 하지만 건물 활용에서 업무 수행 방식까지 이처럼 크고 복잡한 분야는 변화가 불가피할 뿐만 아니라 끊임없이 변화하기 때문에 문제 해결이 아주 어려울 수 있습니다. 이 책은 부동산업계의 여러 전문가를 통해 기술이 주는 기회와 과제를 이해하는 데 도움을 주고 종합적인 시각을 제공할 것입니다.

기술은 부동산을 변화시킬 것입니다. 이에 어떻게 대처하든 지금 무슨 일이 일어나고 있는지 이해해야 합니다. 이 책이 여러분을 도와줄 것입니다.

— 댄 휴즈Dan Hughes, 리퀴드 레이LIQUID REI, 전 RICS CEO

들어가며

우리가 사는 세상은 놀라운 속도로 변하고 있습니다. 10년 전만 해도 상상할 수 없었던 방식으로 기술은 우리 삶의 모든 영역에 영향을 미치고 있습니다.

그동안 부동산은 신기술 도입이 쉽지 않은 분야로 알려졌습니다. 하지만 이제는 부동산업계에서도 기술 혁신에 힘입어 많은 변화가 일어나고 있습니다. 그리고 앞으로 이 같은 변화는 더욱 속도를 낼 것입니다. 이 변화는 우리의 현재 위치를 위협할 수도 있지만, 한편으로는 수익성과 생산성을 높이는 기회가 될 수도 있습니다.

그럼 부동산 기술 또는 프롭테크가 영국의 부동산 투자자에게 어떻게 영향을 미치는지 살펴보겠습니다.

이 책은 프롭테크 각 분야의 전문가들이 출연한 영국 팟캐스트 '더 프로퍼티 보이스'를 바탕으로 만들어졌습니다. 부동산과 기술의 결합인 프롭테크가 어떻게 부동산 분야에 기회와 도전의 장을 마련할 수 있는지에 대해 다양한 이야기를 들려줍니다.

여러분이 이 책에 나온 프롭테크 사례와 저자의 통찰력을 통해 부동산을 거래하고, 개발하고, 관리하고, 투자하는 데 많은 도움을 받기를 기대합니다.

그렇다면 프롭테크는 무엇일까요?

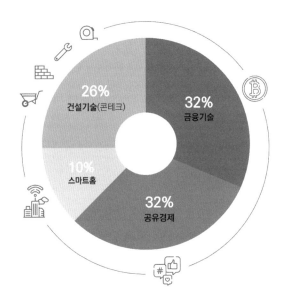

프롭테크에는 크게 4가지 산업 분야가 있습니다(위 숫자는 피아이랩스PI Labs가 자금 조달에 성공한 비율입니다).*

---

* 출처:《PropTech 3.0: 부동산의 미래》, 옥스포드대학교 사이드비즈니스스쿨

프롭테크는 다양한 종류의 신사업을 아우르는 포괄적 용어입니다. 말 그대로 부동산의 모든 분야와 기술을 아우릅니다. 정보 기술, 공유 경제 같은 신사업에 속하기도 하지만 이런 사업이 프롭테크에만 국한된 것은 아닙니다. 프롭테크는 성공할 가능성도 많지만 최근 인터뷰에서 드러나듯 어려움도 있습니다.

물론 프롭테크가 완전히 새로운 것은 아닙니다. 과거 빅토리아 시대 사람들도 당시로는 신기술인 '표준벽돌'을 만들어 건축 재료로 사용했고, 전후 영국에서는 신공법인 조립식 구조물을 활용해 빠른 속도로 주택 부족 문제를 해결할 수 있었습니다.

그럼에도 지금과 비교해보면, 변화 속도에서 차이가 납니다. 이 시대에는 모든 것이 빠른 속도로 변하고 있습니다. 생각해보면 이 책이 쓰인 2018년 기준으로, 영국의 부동산 중개 플랫폼인 라이트무브 Rightmove는 설립 18주년이 되었습니다. 아이폰은 10년, 에어비앤비 Airbnb는 9년, 퍼플브릭스Purplebricks는 4년밖에 되지 않았습니다.

프롭테크 분야에서 가장 영향력 있는 인플루언서 중의 하나이자 프롭테크 팟캐스트 첫 번째 게스트인 댄 휴즈의 도움으로 최근 몇 년 사이 일어난 변화를 아래처럼 정리해 보았습니다.

· 사람들이 집과 대화할 수 있는 아마존 알렉사 기기가 2,000만 개 팔렸습니다.
· 페이스북과 구글이 집을 짓기 시작했습니다.

보험사인 L&G는 플랫팩 주택을 조립하기 위해 공장을 세웠습니다.

위무브WeMove는 유연한 사무환경 운영을 의미하는 신조어가 되었습니다. 그리고 새로운 방식의 공동체생활을 의미하는 위리브 WeLive라는 말도 생겼습니다.

IBM의 조사에 따르면, 전 세계의 모든 데이터 중 90%가 최근 2년 새 만들어졌습니다[1]. 생각해보면 발전 속도는 점점 빨라지고 있어 설사 기하급수적이라고 생각해도 무리가 없습니다. 저 역시 이런 생각에 빠진 적이 있습니다. 하지만 도로에 턱이 있고 때로 진행 속도를 늦추는 장애물이 있는 것처럼 기술의 진보에도 몇 가지 걸림돌이 있습니다. 이를테면 정부 규제, 대규모 데이터 처리의 어려움, 그리고 시장과 소비자가 기술에 적응하는 시간 같은 겁니다.

따라서 프롭테크는 혁명보다는 진화라고 하는 것이 더 낫겠습니다. 이 둘의 속도는 다르지만 모두 '진보'라는 속성을 가집니다. 이게 제가 이 책 전체를 통틀어 강조하고 싶은 내용입니다. 현재 이곳에 무엇이 있는지, 무엇이 앞으로 다가올지, 그리고 임대인이나 부동산 투자자, 개발업자인 우리에게 어떤 영향을 미치고 충격을 줄지 말이죠.

다양한 분야의 사람들과 대화를 나눠보면 진보는 두 걸음 앞으로 나아가다 말고 한 걸음 뒤로 물러서는 속성이 있는 것 같습니다. 실제 대부분의 진보는 비약적인 변화가 아니라 이런 식으로 완성됩니다.

물론 예외도 있습니다. 이를테면 일런 머스크가 전기자동차와 자율주행을 만들고 NASA미국항공우주국의 10% 비용으로 우주선을 만든 것은 전통산업을 뒤흔든 비약적인 변화입니다. 부동산 분야에서도 이런 사례가 나오지 말라는 법은 없습니다. 인터넷과 전자상거래 기술을 활용한 온라인 쇼핑도 순식간에 우리의 일상이 되어 유통산업의 형태를 바꿔 놓았습니다.

하지만 프롭테크 분야의 또 다른 인플루언서인 앤드류 바움은 부동산 거래 건수가 유통 부문보다 훨씬 적다는 것을 강조합니다. 부동산의 거래량과 회전율도 상대적으로 미흡할 수밖에 없습니다. 예를 들어 도시나 건물을 만들고 관리하는 기관은 무엇이, 어떻게, 어디에 건설되어야 하는지에 대한 규정을 만듭니다. 금융감독기관이 정한 규정에 맞지 않으면 부동산 가치를 전혀 인정받지 못할 수도 있습니다. 그래서 갈 길이 멀다고 생각할 수 있습니다.

하지만 지금 우리가 살아가는 모습을 보면 긍정적인 미래가 기대됩니다. 얼마 전 저는 미국에서 휴가를 보내며 영국에 있는 부동산을 거래하기 위해 인터넷으로 대출을 받고, 브라질에서의 휴가를 위해 스마트폰 앱으로 예약했으며, 싱가포르에 있는 후배와 스카이프로 화상회의를 진행했습니다. 10년 전만 해도 이런 것들이 모두 불가능했지만 이제 기술의 발달 덕에 어려운 일이 아닙니다.

저는 최근 앤드류 맥아피Andrew McAfee와 에릭 브릭졸프손Erik Brynjolfsson이 쓴 책《제2의 기계 시대》를 읽었습니다. 이 책은 IT를 통한 새로운 형태의 산업혁명을 이야기하고 있습니다. 예를 들어 '체스판의 후반부'에 대한 이야기가 나오는데, 요점만 얘기하자면 체스판 사각형이 기하급수적으로 증가해 후반부엔 처음과는 비교할 수 없을 정도가 된다는 겁니다.

IT산업은 2013년에 체스판 전반이 끝나가고 있습니다. 트랜지스터 생산비용이 18개월마다 절반으로 줄어든다는 무어의 법칙은 기술 발달이 비용을 극적으로 낮춘다는 것을 말해주는데, 다시 말하면 컴퓨터 전력 비용이 점점 낮아지고 체스 게임 후반으로 가면서 진행 속도가 점점 빨라지는 거죠. 지금은 가장 빠르고, 가장 진보적이며 효율적인 기술이 우리를 앞서가고 있지만 머지않아 우리도 이 기술을 활용하게 될 겁니다.

그럼 하이테크 이야기보다는 프롭테크가 어떤 영역으로 나누어지고 우리에게 어떤 큰 변화를 가져다 줄지 생각해 보시죠.

프롭테크는 세 가지 핵심 요소로 구성됩니다. 정보, 거래, 관리-제어입니다. 부동산과 기술을 결합하는 것은 이 세 가지 요소의 조합과 상호 작용입니다. 이 기술을 가능하게 하는 몇 가지 핵심 요소가 있습니다.

** (역자 주) 6세기 굽타왕조의 한 황제가 체스를 창안한 자에게 원하는 것을 상으로 주겠다고 했다. 그는 체스판 첫 칸부터 한 알, 두 알, 네 알 하는 식으로 예순네 번째 칸까지 두 배씩 쌀을 늘려 달라고 했다. 황제는 흔쾌히 허락했다. 절반인 서른두 번째 칸까지 황제가 준 쌀은 40억 알로 넓은 논 하나에서 나올 수 있는 양이었다. 그러나 마지막 칸까지 가면 쌀은 1800경 알로 에베레스트산을 쌓고도 남게 된다. 결국 황제는 발명가의 목을 베었다고 한다. 이를 비유해 정보경제학자인 앤드류 맥아피와 에릭 브린욜프슨은 '제2의 기계 시대The Second Machine Age'에서 기술 발달이 체스판 후반부에 접어들었다고 주장한다. 디지털 기술은 체스판의 쌀알처럼 기하급수적으로 발달하여 초반에는 상상조차 못했던 일이 폭발적으로 일어나게 된다.

하드웨어 및 소프트웨어 개발 - PC, 서버 및 데이터 센터와 같은 하드웨어 및 소프트웨어 애플리케이션 개발

모바일 통신 및 연결성 - 스마트폰 애플리케이션 및 스마트 연결 장치

인터넷 - 모바일 인터넷, 소셜 미디어 및 부동산 포털과 같은 웹 서비스

이 세 가지 핵심 요소가 결합해 프롭테크산업의 발전 속도를 높이고 있습니다.

그렇다면 이런 진보에 대한 저항이나 위협은 무엇일까요?

유통산업에서 '온-오프라인 동시 판매' 사업자가 있는 것처럼 전통산업 종사자들의 저항이 있을 수 있습니다. 그리고 정부는 기술 발달에 맞춰 규제를 만듭니다. 실제로 런던, 뉴욕, 바르셀로나 같은 도시는 에어비앤비를 규제하고 있습니다. 사람들의 저항이나 보완재가 탄생하는 경우도 있죠. 알고리즘과 봇Bot, 특정 작업을 반복 수행하는 프로그램이 아직 완전하지 않아서 이 결과를 해석하고 보정하는 건 여전히 인간의 영역입니다.

그렇다면 실제 자산가와 기업은 실제로 어디에 자금을 투자해야 할까요? 프롭테크 각 분야의 전문가가 많겠지만, 저는 관찰자 입장에서 관심을 갖고 몇 가지 핵심 영역을 정리했습니다.

1. 건설 기술(콘테크)

프롭테크는 우리의 물리적 환경을 바꾸는 다양한 방식을 포함하는 영역입니다. 예를 들어 건축 방법, 사전 제작 또는 모듈식 건물, 대체적이고 지속 가능한 건축 자재, 3D 프린팅 및 벽돌 쌓는 로봇 등이 있습니다. 설계와 건축 분야에서도 임대전용주택BTR, Build-to-Rent 및 셀프건축Self-Build Housing이라는 새로운 트렌드가 나타나고 있습니다. 우리가 부동산을 이용하는 방식도 일과 휴식 그리고 여가 사이에서 계속해서 바뀌고 있습니다. 영국에서는 만성적으로 주택이 부족하지만 생산성이 개선되지 않아 향후 5~10년 내에 기술 개발과 혁신으로 이를 극복해야 합니다. 즉 사회적인 필요와 현실과의 격차를 해소하기 위해 기술이 중요한 역할을 하고 있습니다.

2. 스마트홈과 사물인터넷

스마트홈과 홈 오토메이션은 삶의 방식을 극적으로 바꾸고 있습니다. 이미 에너지 효율을 높이는 장치나 앱이 사용되고, 사물인터넷IoT으로 전자제품을 인터넷에 연결하며, 보급형 허브나 네트워크 장비로 '집에 명령을 내릴 수' 있습니다. 연결성, 장비 간의 융합과 편리성, 앱 프로그래밍 인터페이스는 이런 트렌드를 더욱 확산시키고 있습니다. 대기업이 스마트홈 기술 도입을 점점 더 늘리면서 우리 생활의 혁신과 생활비 절감에도 실질적으로 도움이 되고 있습니다.

사회 고령화, 도시화, 에너지부족, 그리고 재택근무의 증가 등 우리가 좀 더 깊이 다룰 메가트렌드도 이런 변화의 일부로 볼 수 있습니다.

그리고 결과적으로 생활의 편리함과 생활 방식 개선뿐만 아니라 비용 절감, 수익성 강화, 상품 차별화 및 자산관리 시스템의 개선 등에도 도움이 될 수 있습니다.

3. 빅데이터, 인공지능(AI), 툴, 앱

이 기술은 부동산 전문 변호사, 감정평가사, 부동산 서비스 기업의 효율성 제고와 비용 절감에 도움을 주고 있습니다. 컴퓨터를 활용한 자산평가 솔루션은 투자자, 임대인과 감정평가사들이 부동산을 평가하는 데 도움이 됩니다. 라이트무브와 주플라Zoopla, 유패드, 랜드 레지스트리Land Registry는 점점 더 세밀한 수준까지 데이터를 제공하고, 투자와 임대를 결정할 때 믿을 만한 근거가 되고 있습니다. 인공지능AI과 봇은 이미 적은 수의 직원으로 고객에게 더 나은 맞춤형 중개 서비스를 제공하고 있습니다. 아서Arthur처럼 자산관리에만 특화되어 있든, 제로Xero처럼 일반적인 비즈니스 툴에 포함되든, 타이드Tide처럼 모바일 뱅킹에 통합되든, 비즈니스나 우리 생활에 도움을 주는 수많은 시스템, 툴, 앱이 있습니다. 스프레드시트와 캘린더 앱, 두들Doodle이나 에버노트Evernote 같은 작업관리 앱, 왓츠앱WhatsApp 같은 커뮤니케이션 앱, 드롭박스Dropbox 같은 클라우드 서비스 등 다양한 툴이 부동산산업에 이미 도움이 되고 있습니다.

4. 시청각 기술의 진보: 증강현실/가상현실(AR/VR)/드론

시청각 기술은 이미 오래전부터 부동산 분야에서 사용돼 왔습니다.

CGIComputer Generated Image, 컴퓨터 생성 이미지 같은 컴퓨터 그래픽을 사용하면 비싼 모델하우스를 지을 필요가 없고, 부동산 이미지에 정서적인 요소를 더하면 신속한 결정과 부동산 가치 제고에 도움을 줄 수 있습니다. 원격 비디오를 사용하면 효율적인 커뮤니케이션을 할 수 있고, 실감형 3D 개발 프로그램을 사용하면 건축 설계를 효율적으로 할 수 있습니다. 드론을 사용하면 사람이 접근하기 어려운 건물을 안전하게 유지·관리할 수 있습니다.

5. 영업, 마케팅 그리고 공유경제

공유경제 비즈니스는 다양한 영역의 신기술을 활용해 점점 발달하고 있습니다. 온라인으로 대출을 연결하는 P2P 대출, 남는 방이나 주말 빈집을 임대해주는 공유공간 서비스, 비대면 가구 철거, 온라인 계약과 인력 채용에 이르기까지 공유경제의 범위는 계속해서 커져가고 있습니다. 우리는 디지털경제, 공유경제, 긱 이코노미***Gig Economy가 결합하며 어떤 새로운 비즈니스 모델이 생겨나고, 또 자산 가격의 변화를 일으키며 고객 서비스 형태를 바꾸어 가는지 살펴볼 수 있습니다. 그리고 가치, 속도, 비용 절감, 편의성과 서비스가 기술 혁신과 결합하여 세상을 바꾸고 있다는 것을 알 수 있습니다. 어느 누구도 이 변화의 흐름을 거스를 수는 없습니다.

*** (역자 주) 빠른 시대 변화에 대응하기 위해 비정규 프리랜서 근로 형태가 확산되는 경제 현상. 1920년대 미국에서 재즈 공연의 인기가 높아지자 즉흥적으로 단기적인 공연팀gig들이 생겨난 데서 유래한 말이다.

6. 금융기술(핀테크)

또 다른 영역은 핀테크FinTech, 즉 금융 기술입니다. 기술의 발달로 금융, 결제, 대출의 세계가 변화하고 있습니다. 비트코인과 같은 대체화폐나 암호화폐로 진행되는 부동산거래, P2P, 크라우드 펀딩 사이트 덕에 누구나 부동산 투자를 할 수 있게 됐고 투자자나 디벨로퍼를 위한 자금원도 점점 다양해지고 있습니다. 모바일-디지털결제 기술은 국내뿐만 아니라 해외와 거래하는 방식까지 바꿔가고 있습니다. 은행은 더 이상 건물이 아니라 스마트폰 앱이 됐고, 거래할 때 쓰던 종이는 디지털로 바뀌며, 사람이 하던 일은 이제 기계가 하고 있습니다.

7. 블록체인 기술과 암호화폐

차세대 인터넷이라고 할 수 있는 블록체인 기술을 생각해 보세요. 이 기술을 통해 중개인 없이 '스마트 디지털 계약'을 체결할 수 있습니다. 모든 계약이 단 몇 초 안에 끝납니다. 이는 운송, 대출, 보험, 기타 다양한 부동산 서비스를 혁신적으로 변화시킬 수 있습니다. 여기에 인공지능과 사물인터넷 같은 기술이 결합하면 '킬러 앱'특정 제품을 사용하게 만들 정도로 엄청난 인기를 가진 앱이 나타날 수도 있습니다. 하지만 아직은 갈 길이 멉니다. 은행과 정부 모두 회의적이고 보수적이기 때문에 변화의 속도는 더딜 수 있습니다.

8. 학습과 진보(에드테크)

영국에서는 감정평가사협회RICS, 부동산협회NLA/RLA뿐 아니라 로

펌, 소프트웨어 기업, 자산관리 기관에 이르기까지 다양한 곳에서 강의 콘텐츠를 제작하고 있습니다. 임대사업자, 부동산 개발업자가 되거나 다가구주택, 재임대, 숙박 서비스를 운영하거나 대체적·창조적 부동산 투자 전략을 개발하고 싶다면 다양한 유형의 온라인, 대면 강의를 들을 수 있습니다. 엄밀히 말하자면 이건 프롭테크가 아닐 수도 있지만 이 책에 싣는 게 좋다고 생각했습니다. 우리가 최신 지식과 트렌드를 파악하고 유지하기 위한 방법을 아는 것이 매우 중요하기 때문입니다.

9. 빅픽처, 스마트시티 그리고 메가트렌드

메가트렌드라고도 할 수 있는 이 영역은 스마트시티와 세계화가 향후 몇 년 동안 우리에게 어떤 영향을 미칠지를 다룹니다. 경제력과 부는 아시아로 이동하고 있습니다. 영국 부동산의 매수자, 구매자, 그리고 심지어 대출기관도 그곳에서 올 수 있다는 것입니다. 도시화로 점점 더 많은 공간이 부족해지고 초소형Micro, 지원형Assisted, 공동체형Community 이 되어가고 있습니다. 스마트시티에선 '가정-직장-여가'가 분리되기는커녕 점점 연결되어 갑니다. 그리고 환경, 에너지부족 문제가 심각해서 규제를 준수하면서도 경쟁력을 갖추려면 부동산을 업그레이드할 필요성이 점점 커집니다.

여기에서 언급된 9가지는 다음 장부터 자세히 살펴볼 핵심 영역입니다. 앞서 언급했듯, 저는 각 영역의 전문가들을 게스트로 부동산 팟캐스트인 '더 프로퍼티 보이스'를 운영했습니다. 이 게스트 중의 일부는 프롭테크 기업 창립자이고 일부는 거물급 학자, 업계에 영향력 있는 인사나 벤처 투자가이며 부동산 거시 전략을 수립하는 사람도 있고 실무자도 있습니다. 이들은 모두 각각 담당하는 영역의 지혜와 경험을 공유했고 프롭테크라는 주제에도 큰 관심을 보였습니다. 최근 생겨난, 때로는 복잡한 주제들을 더 잘 이해할 수 있도록 전문 지식을 제공해준 이들에게 다시 한번 감사의 말씀을 전합니다. 이 책 뒷부분에는 여러분이 참조하고 연락할 수 있는 이들의 명단이 있으니 참고하시기 바랍니다. 기술과 부동산이 결합하면서 일어난 최근의 변화와 향후 기대되는 사업에 관심이 있다면 이 책을 통해 살펴보시기 바랍니다..

프롭테크가 부동산 분야의 생산성과 수익성을 높여준다는 것은 의심할 여지가 없습니다. 우리가 이런 변화를 외면하고 타조처럼 머리를 땅에 묻고 있다가는 맹수에게 뒷덜미를 물릴지도 모릅니다. 프롭테크는 부동산 투자와 개발, 그리고 우리의 삶을 무한히 넓혀줄 수 있는 거대한 영역입니다. 변화의 과정에서 약간의 불안 요소가 존재하겠지만 프롭테크는 세입자, 임대인, 투자자 모두에게 엄청난 기회를 제공할 것입니다.

개인적으로 저는 핀테크 분야에 가장 많은 신규 진입자가 들어오고 있다고 생각합니다. 결국 돈이 모이는 곳이죠. 다음은 공유경제입니다. 정부는 규제하려고 하지만 공유경제는 계속 파장을 일으키며 시장을 만들어 갈 것입니다. 마지막으로 스마트홈과 콘테크는 우리가 일상생활을 하는 방식과 부동산을 개발하는 방식을 바꿀 겁니다. 아마 규모가 큰 글로벌기업이 시장을 천천히 장악하게 되겠죠. 하지만 업계의 판도를 바꾸는 한두 가지 기술이 획기적인 변화를 일으킬 수도 있습니다. 이 기술은 블록체인과 사물인터넷, 빅데이터 중에서 어떤 것이 될까요? 그리고 이 모든 것을 활용해서 부동산산업의 수익성과 생산성을 높이기 위해 활용되는 다양한 앱과 기술이 있습니다. 물론 인터넷뿐만 아니라 어떤 형태의 혁명이든 승자와 패자가 존재하고, 신규 진입자는 제대로 자리 잡기 전에 사라질 수도 있습니다. 그러니 변화를 받아들일 준비를 하세요. 전문가와 혁신기업 역시 스스로 변화하거나 변화를 만드는 대기업에 인수되기를 바라고 있을 겁니다.

한 가지는 확실합니다. 좋든 싫든 변화가 오고 있다는 거죠.

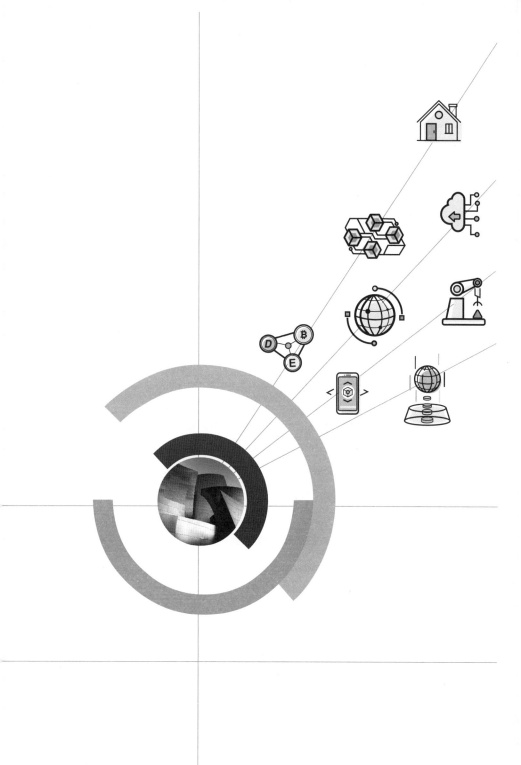

제 1장

건설 기술 콘테크

2017년 11월 영국 재무부 장관의 발표에 따르면, 주택 가격을 낮추고 국가 주거 기준에 맞추기 위해서는 매년 주택 30만채를 새로 건설해야 합니다. 영국 주택연구소도 이 숫자에 동의합니다. 하지만 여러 가지 여건을 고려하면 이 숫자를 달성하는 게 현실적으로 거의 불가능하다는 것이 문제입니다. 최근 몇 년간 건설된 주택은 이 절반밖에 되지 않습니다. 실제로 주택 30만 채를 건설한 것은 1969년이 마지막입니다[1].

수요와 공급에 큰 차이가 일어나는 이유는 복잡하고 다양합니다. 지방정부의 주택 건설 규제 같은 정치적·경제적 이유도 그중의 하나입니다. 그리고 일반적으로 건설산업은 변화가 느린 산업으로 알려져 있습니다. 하지만 건설 기술(콘테크)의 발달에 따라 건축 자재, 도구 및 기술이 새롭게 등장하면서 이 산업에도 많은 변화가 기대됩니다.

건설산업에는 해결할 과제가 산적해 있습니다. 정부는 안전하고 지속 가능하며 에너지를 절약할 수 있는 건물을 짓도록 법을 제정했습니다. 뿐만 아니라 건설산업의 특성상 생기는 어려움도 많이 있습니다. 젊은 층이 건설업을 기피하면서 기술 개발도 정체되고 있습니다. 신입

직원이 줄면서 숙련 기술자를 찾는 일도 점점 어려워지고 있습니다. 최근 메이스그룹 혁신 담당 임원인 매트 고프를 인터뷰해보니 향후 10년간 숙련 기술자가 25% 감소할 것이라고 합니다. 이는 건설산업의 근간을 흔들 수 있는 큰 문제입니다.

그렇다면 건설 기술(컨테크)이 건설의 형태를 바꾸고, 더 빠르고 저렴하게, 적은 수의 숙련 기술자를 투입하고도 좋은 품질의 집을 짓는 데 도움을 줄 수 있을까요? 이번 장은 건설산업이 바라보는 방향은 어떤 것인지, 그리고 최근의 기술 발달이 집주인과 투자자로서의 우리 삶에 어떤 영향을 미칠지 알아보는 데 도움을 줄 겁니다.

건축 방법

장점 - 주요 헤드라인

- 모듈식 주택은 공장에서 20일이면 만들어지고 반나절 만에 현장에 세울 수 있습니다.

- 로봇 벽돌공 해드리안 엑스Hadrian X는 시간당 벽돌 1,000개를 쌓을 수 있습니다. 일 평균 500개 정도인 벽돌공과 비교하면 엄청난 숫자입니다.

- 3D 프린팅으로 만든 소형 주택은 24~48시간이면 지을 수 있습니다.

이 장에 나오는 기술은 지속 가능한 건축 방법, 내구성 있는 건물 및 기후 변화로 인한 지속적인 에너지 사용 감소에 초점을 맞추고 있습니다.

모듈형 건축

주택가의 모습은 앞으로 몇 년 사이 조금씩 달라질 겁니다. 가장 발달한 콘테크 분야 중의 하나는 조립식 주택이라고도 하는 모듈형 주택입니다. 조립식 주택이라는 말을 들으면 집을 사거나 투자하는 사람은 썩 내켜 하지 않을 수 있습니다. 제2차 세계대전 후 석면 소재를 많이 쓴 저품질 주택이 떠올려질 테니까요. 하지만 그 당시 조립식 주택 수명이 10년 정도라는 것을 생각하면 반드시 나쁘다고 할 수만은 없을 겁니다. 그리고 이 주택은 가정용품이 흔하지 않던 그 시기에 중앙난방, 내장형 오븐, 수세식 변기 같은 신기술이 도입되기도 했습니다.

최근의 모듈형 주택은 비용을 아끼고, 지속적이고 효율적이며, 건설속도를 높이는 좋은 방법이 될 수 있습니다. 실제로 이 책을 쓰는 2018년 건설 회사의 68%는 모듈형 주택에 투자하고 56%는 패널 개발에 투자하고 있습니다[2]. 예를 들어 리걸 앤 제너럴Legal and General과 버클리 홈즈Berkeley Homes는 지난해 조립식 공장에 직접 투자했습니다[3]. 일반적으로 모듈형 주택은 부지 밖에서 배관, 케이블, 페인트칠과 카페트까지 모두 완성한 후 마지막으로 현장에서 조립합니다. 모듈형 주택은 공장에서 20일 만에 만들어지고, 현장에서 반나절 만에 건축합니다. 버클리 홈즈는 켄트에 연간 1,000가구(연간 생산량의 25%)를 제작하는 공장을 건설할 계획입니다[4].

매트 고프와 이야기하며 발견한 흥미로운 점들 중의 하나는 최근 RIBA 연구소Royal Institute of British Architects의 조사 결과, 일반인의 75%가 새 집을 절대 사지 않겠다고 한 것이었습니다[5]. 응답자들은 그 이유로 작은 방, 유행에 뒤진 디자인, 외부 공간 부족 등을 꼽았습니다. 이들은 또 나이가 들어도 구조를 변경할 수 없다는 점을 걱정했습니다. 이를테면 아기가 태어나거나 부모님이 연로해 거동이 불편해지는 경우 그 공간을 따로 마련하기 어렵기 때문입니다.

모듈형 건축은 필요한 주택을 빠르고 저렴하게 건설하는 좋은 방법이지만, 이제 거주하는 사람들의 요구를 반영한 맞춤형으로 만들 필요가 있습니다. 대량주택 하면 생각나는 사각의 정형화된 주택에서 벗어나, 주문제작 트렌드에 맞춰 이들의 수요를 반영해야죠. 대부분 나만의 것이 있는 형태를 좋아하니 자신이 원하는 옵션을 선택해 집을 맞춤형으로 만들 수 있다면 모듈형 주택은 더욱 발전할 수 있을 겁니다.

3D 프린팅과 로봇

지난 몇 년 동안 3D 프린팅이 언론에 많이 보도됐지만 주택 시공에 관한 내용은 많지 않았습니다. 하지만 건설 분야의 3D 프린팅, 특히 로봇 사용 분야는 점점 발달하고 있습니다.

3D 프린팅과 로봇의 주요 이점은 재료만 미리 현장에 준비해 놓으

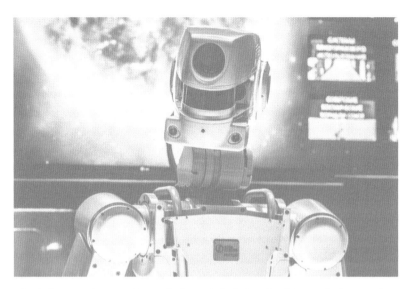

면 원격으로 시공을 할 수 있다는 점입니다. 이 기술은 지진으로 자동차가 들어가지 못하는 지역에서 재해 복구를 위해 사용될 것으로 보입니다. 이 지역에 3D 프린터나 로봇을 가져가 집이 파괴된 사람들에게 빠르고 저렴하게 새 집을 마련해 줄 수 있을 겁니다. 3D 프린팅과 로봇은 빈민가 주택의 품질을 더 낮게 바꿔줄 수도 있고, 미래에는 달과 화성에 인간이 살 수 있는 곳을 만드는 방법이 될 수도 있죠.

호주 회사인 패스트브릭스 로보틱스Fastbricks Robotics가 개발 중인 로봇 벽돌공 해드리안 엑스는 한 시간에 벽돌 1,000개를 쌓는 놀라운 기술을 갖고 있습니다. 참고로 유명 부동산 디벨로퍼 앤디 허바드Andy Hubbard는 YPN매거진과의 인터뷰에서 예전에 벽돌공으로 여러 대회를 휩쓸었을 당시 하루에 약 800개를 쌓았다고 말했습니다. 이론적으로 해드리안 엑스는 쉬지 않고 벽돌을 쌓아서 48시간 동안 집 한 채를 지을 수 있습니다[6].

디지털 디자인과 디지털 제조 기술은 일반 가정에서 사용하는 프로그램으로 만든 3D 디자인 파일을 기계에 보내 재료를 가공하고 실제 디자인 결과물을 만드는 것입니다. 2016년에 3D 프린팅을 사용했다고 널리 알려진 런던 하이게이트 주택은[7] 이 방법을 썼습니다. 이는 보통 3D 프린팅이라고 생각하는 것과 거리가 멉니다. 하이케이트 주택은 1㎡당 약 2,100파운드의 비용이 들었고 건축 기간도 18개월 이상 걸렸습니다. 비록 3D 프린팅 기술이 시간과 비용을 절감해주지는 않았지만 주택 가격은 엄청나게 높아졌습니다. 그곳에 있던 예전 집보다 5배 올랐기 때문이죠. 이어 더 많은 교외 주택들이 3D 프린팅으로 제작되었습니다.

2017년 3월 샌프란시스코의 신생 기업 애피스 코(Apis Cor)는 러시아 테스트 현장에서 공식 수명이 175년인 섬유 콘크리트를 사용해 24시간 만에 38㎡ 면적의 집을 프린팅했습니다. 지붕, 창문, 단열재와 가전 제품은 별도로 설치했지만 구조와 무게를 지탱하는 벽은 모두 현장에서 3D 프린팅했습니다. 이 집의 예상 제작비는 겨우 1만 달러입니다. 텍사스 오스틴에서 열린 SXSWSouth By Southwest 페스티벌 2018에서 미국 건설 기술 회사인 아이콘 3DICON 3D와 비영리기관 뉴 스토리New Story의 공동프로젝트가 SXSW 엑셀러레이터 피치 이벤트Accelerator Pitch Event에서 우승했습니다. 이들은 3D 주택을 미국에서 처음으로 인가받고 오스틴에서 48시간 만에 단돈 1만 달러로 건설했습니다.[8] 이 프로젝트의 다음 단계는 100만 달러를 모금해 엘살바도르에서 향후 2년간 주택 100채를 짓는 것입니다. 앞으로 개발 도상국의 주택 건설비는 4,000달러로 떨어지고 건설 시간은 1,224시간으로 줄어들 것입니다. 3D 프린팅 건설은 시간과 비용, 자원의 절감 외에도 매년 전 세계 건설 현장에서 발생하는 수천 건의 부상 사고와 사망자를 줄인다는 장점이 있습니다. 지난 20년 동안 상당히 감소했지만 2016~2017년 영국의 건설 현장에서는 30명의 사망자와 6만4,000명의 부상자가 발생했습니다.[9] 건강과 안전에 대한 관심이 적은 개발도상국에서 얼마나 많은 사망자와 부상자가 발생하는지 상상해 보면 이 장점은 더욱 가치가 있습니다.

지금까지 3D 프린팅 솔루션은 비용이 많이 들어 기술 보급이 쉽지 않았습니다. 그리고 강도 높은 건설 규제도 문제였습니다. 또 하나는 3D 프린팅으로 지어진 건물에 대한 대출, 가치평가 및 보증에 관한 문제였습니다.[10] RICS에서 프롭테크의 선두주자로 잘 알려진 댄 휴즈Dan Hughes는 규제 기관과 평가자들도 기술의 빠른 발달 속도에 뒤처지지 않도록 계속해서 노력하고 있다고 말했습니다. 하지만 사실 이러한 문제는 3D 프린팅이 나타나기 전에 해결되었으면 좋았을 것입니다. 심지어 3D 프린팅 외에 다른 새로운 건축 방법과 재료도 자주 사용되고 있습니다. 새로운 건설 방법이 도입되려면 고객의 요구 사항이 가장 중요합니다. 특히 사람들은 자기가 사는 집에 대해서는 품질에 대한 신뢰를 중요시하여 신기술 도입을 주저합니다. 그들은 집이 말 그대로 집처럼 안전하기를 원하는 것이죠. 하지만 이제 신기술에 대한 의심이 해소되기 시작한 것 같습니다. 예를 들어 아랍에미리트 정부는 2030년까지 25%의 건물이 3D 프린팅으로 건설되기를 원한다고 발표했습니다.[11]

대체 건축 자재

친환경 자재

기후 변화와 인구 증가가 천연자원을 고갈시키면서, 지속 가능한 건축 자재에 대한 연구뿐만 아니라 부동산의 에너지 효율을 높이려는 시도도 늘고 있습니다. 글로벌 건설산업이 환경에 미치는 영향은 엄청납니다. 예를 들어 시멘트 제조는 전 세계 산업용 이산화탄소 배출량의 약 10%를 차지합니다. 그리고 자연재해가 잦아지면서 가혹한 기후와 지진을 견디는 내구성 높은 주택에 대한 연구 역시 활발합니다.

짚, 대나무, 나무, 흙 등 수백, 수천 년 동안 사용된 건축 자재를 새로운 방법으로 활용하는 연구도 있습니다. 오래 사용되어온 이런 재료에 최신 기술로 개발한 첨가물을 더해 주택을 만들기 좋은 재료로 만듭니다. 예를 들어 영국 회사 마드셀ModCell은 사무실, 학교, 소매시설 및 주택을 지을 때 짚으로 만든 벽과 조립식 구조물을 결합해 난방이 거의 필요 없는 무탄소 단열재를 만들었습니다. 구체적으로는 나무로 만든 프레임에 석회와 짚을 채운 통기성 조립식 판넬입니다. 마드셀은 이 자재에 Q마크 인증을 받아 담보대출과 보험 가입[12]에도 문제가 없도록 했습니다. 비표준 자재를 사용하면 대출과 보험에 제약을 받는 경우가 있기 때문이죠.

위에 나온 것처럼 시멘트가 환경에 좋지 않은 영향을 주고 있어 이를 개선하기 위한 연구도 진행되고 있습니다. 시멘트는 콘크리트의 주요 성분으로 시공에 광범위하게 사용되는데, 이를 지속 가능한 자원으로 바꾸는 연구가 진행되는 것입니다. 천연 및 폐기물을 사용한 콘크리트 대체물에는 헴크리트[*], 라임크리트[**], 팀버크리트[***], 애쉬크리트[****] 등이 있는데, 모두 기존 콘크리트보다 환경 친화적입니다. 하지만 환경 파괴 없는 지속 가능한 건설을 연구하는 그린하트Greenheart의 리처드 하트필드, 말콤 맥마흔과 진행한 팟캐스트에서도 밝혔듯, 이러한 대안에도 문제는 있습니다. 그들이 직접 사용해보니 헴크리트는 건축물을 지탱할 수 있을 정도로 굳는 데 시간이 아주 많이 걸리고 사용하기가 까다로웠습니다. 아직까지 헴크리트는 친환경 건축을 정말 사랑하는 사람들만 사용하는 재료라는 것이죠.

미국 등 다른 나라처럼 영국에도 목조주택이 점점 늘어나고 있습니다. 나무로 만든 집이라고 하면 튜더 양식의 오두막을 떠올릴 수 있지만, 현대 목조주택은 이와 거리가 멉니다. 요즘 목조주택은 열, 소음, 화재 성능에 대한 건축 규제를 준수하고, 벽돌이나 모르타르로 지어진 집과 비슷한 수명을 보장하기 위해 첨단 통기성 막, 단열재, 증기 조절층이 있습니다. 대부분의 녹조주택은 부지 밖에서 목재 프레임을 미리 조립해서 현장에 신속하게 설치하기 때문에 시공사와 개발업자에게도

---

[*] (역자 주) 햄크리트: 삼베와 석회를 섞은 콘크리트
[**] (역자 주) 라임크리트: 천연석회 콘크리트
[***] (역자 주) 팀버크리트: 나무 톱밥을 섞은 콘크리트
[****] (역자 주) 애쉬크리트: 석탄화력발전 과정에서 나오는 미세분진을 섞은 콘크리트

이점이 많습니다. 예를 들어 콘크리트 슬래브는 비바람에 견디려면 시공 후 4~5일이 걸리는데 목조주택은 날씨가 좋지 않아도 방해받지 않고 작업할 수 있어 훨씬 유리합니다. 목조주택은 지속 가능한 재료를 사용하면서도 기존 주택보다 훨씬 빨리 지을 수 있습니다. 그리고 주택 담보대출과 보험 가입에도 제약이 없습니다. 심사할 때 목조주택과 석조주택을 구별하지 않기 때문이죠.[13]

새로운 재료 및 방법

2004년에 발견된 그래핀은 '놀라운 소재'라는 찬사를 받습니다. 아직 들어보지 못한 분을 위해 간단히 설명하면 그래핀은 벌집처럼 육각 격자 형태로 배열되어 단단하게 묶인 탄소 원자의 단층입니다. 놀라울 정도로 얇은 데다, 비록 원자 한 개 두께에 불과하지만 인간에게 알려진 가장 강력한 화합물이라고 볼 수 있죠. 게다가 실온에서 최고의 열 전도체이기도 합니다. 그래핀은 지금까지 발견된 최고의 전기 전도체이며 강철보다 100배 강하지만 투명하고 무게도 가볍습니다. 이러한 특성 때문에 의료 분야에서 정수기, 페인트에 이르기까지 그래핀을 사용하는 방법은 무한합니다. 건설 분야에서 그래핀은 부식되지 않는 페인트와 강철의 내구성을 높이는 코팅제로 사용할 수 있습니다. 그리고 그래핀을 사용한 분무형 태양전지판과 자동세척 콘크리트의 개발도 기대됩니다.

제 팟캐스트의 첫 번째 게스트인 메이스그룹의 매트 고프는 자가복원 콘크리트를 언급했는데, 이는 콘크리트를 만들거나 설치한 후 박테리아를 첨가하는 친환경 자재입니다. 이 박테리아는 빗물이 콘크리트에 스며들면 이를 석회암으로 바꾸어 자동으로 균열을 없애줍니다. 이는 정부뿐만 아니라 건물주나 집주인이 콘크리트를 덜 사용하게 만들고 유지 보수 비용을 줄여줘 건설업계에 많은 영향을 줄 수 있습니다. 그리고 콘크리트의 수명은 한정되어 있습니다. 여러분도 알고 있듯이 런던으로 가는 주요 도로 중의 하나인 해머스미스Hammersmith 고가도로는 2011년 심각한 구조적 결함이 발견되어 몇 년 동안 대대적인 보수공사를 해야 했습니다. 이 공사에는 1억 파운드가 들었지만 당장의 문제만 해결했을 뿐 연장된 수명은 고작 60년에 불과합니다. 게다가 사용되는 콘크리트 품질, 건물 위치에 따라 수명이 훨씬 더 짧을 수도 있습니다. 2015년 세계에서 두 번째로 높은 건물이 된 중국 선전의 핑안국제금융센터를 지을 때 강모래가 아닌 바닷모래가 들어간 콘크리트를 사용한 사실이 드러나 큰 파문이 일었습니다. 바닷모래는 훨씬 저렴하지만 콘크리트에 소금과 염화물이 섞여 부식을 유발하고 시간이 지남에 따라 안전에도 영향을 줍니다. 조사 결과 이런 저품질 콘크리트는 이 건물 말고도 15개 동에 더 사용된 것으로 밝혀졌습니다. 걱정되지 않나요?

최신 연구 중의 하나인 '파농 굴절Wave bending' 기술은 음파가 통과하는 재료를 사용해 건물이 흔들리지 않게 해줍니다. 이 기술은 지진이 자주 일어나는 지역에서 피해를 최소화할 것입니다. 그리고 나노기술은 깨지지 않는 물질을 만들어 무거운 것이 강하고 가벼운 것은 약하다는 생각을 바꿨습니다.[14] 나노기술이 실제 건설에 활용되려면 아직 더 많은 연구가 필요하지만, 이 기술 역시 대체 건축 자재의 하나로 주목 받습니다.

균사체, 즉 곰팡이로 지어진 집을 상상해 본 적이 있나요? 별로 매력적으로 들리진 않겠죠. 하지만 균사체 벽돌도 기존 건축 재료의 대안으로 각광 받습니다. 이는 믿을 수 없을 정도로 강하고 화재와 물, 곰팡이에 내성이 있으며 필요에 맞게 다른 모양과 형태로 만들 수 있습니다. 게다가 유기농 쓰레기와 균사체로 만들어져 가공도 거의 필요 없습니다. 앞으로 수년간 균사체 벽돌에 대해 더 많은 이야기가 나올 것입니다. 물론 이런 건축 재료 중에서 어떤 것이 채택되고 살아남을지는 지켜봐야 합니다.

이 장의 앞부분에서는 부지 밖에서 건물을 만들고 현장에 신속하게 설치하는 모듈형 건축을 다루었습니다. 모듈형 소재 역시 건설업계가 눈여겨보는 분야입니다. 구조화된 절연 패널과 절연 거푸집이 점점 더 널리 사용되며 현장 작업 시간이 줄어들고 시공 시간이 단축돼 에너지효율도 훨씬 더 높아졌습니다. 실제 영국의 ICF 전문가인 로직스Logix는 4년만에 처음으로 겨우 4시간 동안 난방 기기를 켰던 고객 이야기를 웹 사이트에 올리기도 했습니다.

최근에 알게 된 아주 사소하고 일상적인 건설 기술(콘테크) 분야도 있습니다. 건설업을 하는 친구와 이야기를 나누다가 하루에 집 한 채, 한 시간에 방 하나를 칠할 수 있는 페인트 총이 있다는 것을 알게 되었습니다. 이 총으로 시공 시간을 엄청나게 줄일 수 있습니다. 이 친구는 기존 롤러를 사용하면 마무리가 깔끔하지 않아 이 총을 쓰는 것이 오히려 낫다고 합니다. 물론 새로운 장비에 익숙해지는 데 시간이 걸렸지만 결과적으로 생산성이 엄청나게 높아졌다고 말했습니다.

이뿐 아닙니다. 건설 기술자와 사업자가 모두 변하고 있습니다. 이 장의 서두에서 말한 것처럼 앞으로 10년 동안 숙련 기술자의 수가 25% 정도 줄어들 것입니다. 이와 더불어 벽돌공, 목공, 전기기사의 자리를 기술자, 프로그래머, 엔지니어가 대체할 겁니다. 구글, 마이크로소프트, 페이스북이 최근에 집을 지을 뿐만 아니라 작은 마을도 만들고 있다는 사실을 생각해 보세요. 아마존의 '라스트 마일 딜리버리***** 서비스'와 자율주행차 및 드론의 발달은 건축 자재를 현장에 배달하는 방법을 바꾸고 물류에 혁명을 가져옵니다. 그리고 지금까지 건설이 쉽지 않던 지역에서도 신기술로 건설할 수 있을 겁니다.

정부도 이런 발전을 지켜보고 있습니다. 우선 생산성 향상에 많은 관심을 가지고 연구개발비는 물론 기술 채택, 장려 정책을 곧 시작할 겁니다. 40억 파운드의 주택 건설기금을 조성하고 중소기업들과 주택 성장 파트너십을 맺어 신기술 활용 건설 프로젝트를 재정적으로 지원하고 있습니다.[16] 중소기업이 자금 지원을 받는 것뿐만 아니라 '건설 기법의 변화' 그 자체가 지난 몇십 년간 우리가 보아온 것보다 훨씬 더

***** (역자 주) 물류 배송의 여러 단계 중에서 소비자와 만나는 최종 물류 단계

광범위하게 신기술을 도입하게 만들 것으로 보입니다.

건설 방법 및 재료 요약

방식 / 장점

모듈식 주택

공장에서 20일 이내에 만들어져 반나절이면 현장에서 건축할 수 있습니다. 공장에서 만들면 품질이 더 좋고 안전하며 악천후로 인한 공사 지연 문제가 발생하지 않습니다.

3D 프린팅

작은 집 한 채는 24시간 안에 현장에 건설할 수 있습니다. 자원이 적게 들고 작업 환경은 더 안전합니다. 다양한 설계가 가능해집니다.

로봇 건설

사람이 하루 평균 벽돌 500개를 쌓는 수준인데 반해 해드리안 엑스 벽돌공 로봇은 한 시간에 1000개를 쌓습니다. 그리고 더 안전합니다.

구조화된 절연 패널(SIPS)

대부분의 경우 부지 밖에서 만들어져 공사 기간이 줄어듭니다. 우수한 단열재를 사용하면 관리비가 적게 들고 에너지 효율이 우수합니다.

절연 콘크리트 구조물(ICF)
대부분의 건설 현장에서 공사 기간이 줄어듭니다. 에너지 효율이 뛰어나며 관리비가 적게 듭니다.

짚으로 만든 벽
저렴하고 현지에서 재료를 쉽게 구할 수 있습니다. 절연체로도 훌륭하고 미적으로도 만족스럽습니다. 맞춤형으로 쉽게 만들 수 있고, 공장에서 제조된 패널 형태(마드셀)로도 사용할 수 있습니다. 제작 기간이 짧고 품질도 좋습니다.

목재 프레임
지속 가능한 재료입니다. 부지 밖에서 제작하여 공사 기간을 줄입니다. 절연 처리용 자재로도 훌륭합니다.

방식 / 단점

모듈식 주택
고급형을 제외하면 맞춤형 건설이 쉽지 않습니다.

3D 프린팅
사용하는 자재에 따라 내구성이 달라집니다.

로봇 건설

기존 벽돌공들의 일자리를 위협합니다. 하지만 숙련 기술자가 부족한 것을 감안하면 장점으로 볼 수도 있습니다.

구조화된 절연 패널(SIPS)

벽돌이나 모르타르보다 비쌉니다. 시공 후 설계를 변경하기가 어렵습니다.

절연 콘크리트 구조물(ICF)

콘크리트와 폴리스티렌 샌드위치 패널은 지속 가능한 건축물이 아니라는 견해도 있습니다. 시공 시 고도의 전문성이 필요합니다.

짚으로 만든 벽

짚으로 만든 재료는 습한 날씨에서 작업할 수 없기 때문에 날씨에 많이 좌우됩니다. 전문 기술이 필요합니다.

목재 프레임

부패로 인한 손상이나 화재 발생 시 피해를 최소화하기 위해 원목의 품질, 작업 기술 및 가공 품질이 매우 중요합니다.

임대용 주택 건설과 민간 임대 부문의 성장

최근 집값 상승과 임금상승률 정체로 주택 마련이 더 어려워지면서, 민간임대 부문은 향후 몇 년간 계속해서 성장할 것입니다. PWC는 2025년에 런던 인구의 60%가 임대주택에서 생활할 것으로 내다봤습니다.

BTR(임대용 주택)은 주택 수요를 해결하는 방법 중의 하나입니다. 예를 들어 웸블리공원은 대규모 개발을 통해 임대용 주택 5,000채를 지을 수 있도록 특별히 허가됐는데, 이곳에는 85에이커 면적에 최대 15,000명이 입주할 것입니다. 런던에는 현재까지 약 56,000채의 BTR이 있으며, 버밍엄과 맨체스터 같은 다른 주요 도시도 런던의 뒤를 이을 것으로 보입니다.[17]

그렇다면 부동산 투자자와 개발업자들도 BTR에 관심을 가질까요? 여러분이 직접 BTL을 개발한다고 생각해 보세요. 신규 건축 말고 주택 개조 관점에서도 BTR을 살펴보시죠. BTR이 임대주택이라는 목적에 맞게 개발되려면 설계부터 마무리까지 세심하게 계획해야 합니다. 그리고 유지관리비용이 저렴하고 에너지 효율이 우수하며 내구성이 뛰어날 뿐 아니라 가격이 저렴하고 매력적이어야 합니다.

셀프건축과 맞춤형 건축

최근 매트 고프는 '더 프로퍼티 보이스' 팟캐스트에서 맞춤형 건축의 정책 변화를 언급했습니다. 이후에 좀 더 조사해 보니 2015년 제정된 맞춤형 주택 건축법도 있었습니다(2016년 주택 계획법에 추가됨). 이 법률은 셀프건축이나 맞춤형 건축을 할 때 그 지역에 필요한 수요와 요건을 충족해야 한다고 규정하고 있습니다. 하지만 제대로 등기를 하고 셀프건축과 맞춤형 건축을 미래의 정책 방향과 어긋나지 않게 한다면 큰 문제는 없습니다. 그러므로 단기적으로는 수요를 확인하고 사람들의 인식을 높이기만 하면 될 것 같습니다[18]. 독일은 토지를 개발할 때 셀프건축에 10%를 할당하고 있는데 영국도 언젠가 그렇게 될 것입니다.

다음 장에서는 미래에 우리가 살아가는 모습에 영향을 주는 세계적인 메가트렌드에 대해 살펴보겠습니다. 이것은 우리가 부동산을 설계하고 사용하는 방법에 큰 영향을 줄 것입니다. 공유주택, 노인 복지 주택, 공동체생활은 최근 급부상하는 트렌드입니다. 의료와 간호 서비스를 중심으로 한 실버타운, 함께 음식을 해 먹는 생활 공동체, 아파트 내 스튜디오를 빌린 카페, 영화관 등 다양한 공동 시설을 사용하는 젊은 밀레니얼 세대를 생각해보세요. 예를 들어 콜렉티브(Collective) 는 런던의 젊은이들을 위한 공동생활(공동업무)공간을 만든 좋은 사례입니다. 이곳에는 2016년에 세계에서 가장 큰 공동생활공간인 올드오크Old Oak를 열었는데, 주민들에게 공동공간, 식당, 술집, 영화관, 체육관뿐만 아니라 개인 공간까지 제공합니다![19]

　예전처럼 부동산의 용도가 하나로 정해진 것이 아니라 일, 휴식, 놀이가 함께 이루어지는 다기능 건물이 많이 나오고 있습니다. 말하자면 위워크가 위리브we-live로 전환된 거죠. 디지털 노마드의 증가로 완전히 새로운 유형의 부동산 수요도 발생하고 있습니다. 이들은 발리에 초고속 광대역통신망, 인쇄 시설, 편안한 침대를 갖췄으면서도 또래와 어울리고 창업 아이디어를 브레인스토밍할 수 있는 공간을 원합니다. 시드니나 뉴욕으로 넘어가기 전에 몇 달간 있을 곳 말이죠.

　우리는 사회적인 측면에서도 집이라는 공간을 어떻게 만들고 사용할지에 대해 다양한 생각을 갖고 있습니다. 런던 같은 고밀도 도시에는 초소형 주거공간을 만듭니다. 3세대가 함께 거주하는 주택은 세대마다 다른 필요를 충족할 수 있어야 합니다. 그리고 이동형 주택은 접근하기가 쉬워 노년층이 선호하지만 공급이 부족합니다.

　뒤에서 다룰 공유경제가 출현하면서 우리가 부동산을 활용하는 방법과 경제생활을 하는 방식이 달라지고 있습니다. 단기 임대만 하는 에어비앤비가 성공한 사례나 앞서 언급한 위워크 같은 공동 사무실을 예로 들 수 있겠죠. 신기술 개발로 점점 더 많은 비즈니스 모델이 만들어지고 부동산 투자 단위를 쪼개 누구나 투자할 수 있게 되었습니다. 스마트폰 앱을 다운받고 몇 분만 뒤지면 주변의 임대 정보를 쉽게 찾을 수 있습니다. 불과 5~10년 전만 해도 누가 그런 생각을 했을까요?

에너지 효율

에너지에 대해 가장 먼저 말할 것은 에너지가 충분하지 않다는 점입니다. 적어도 탄소의 다양성은 충분하지 않다는 거죠. 2050년까지 탄소 연료가 바닥난다는 주장도 있어, 탄소 연료 사용을 줄이고 새로운 형태의 에너지를 사용하는 일은 생각보다 시급합니다. 물론 2050년이 아닐 수도 있지만, 우리는 너무 늦기 전에 다음 세대에 무언가를 물려주어야 할 책임이 있습니다.

하지만 기존 주택을 짓는 방식과 에너지 효율이 높은 새로운 시스템을 설치하는 방식에는 차이가 있습니다. 패시브 하우스[*]는 건물의 에너지 효율을 엄격하게 규제하는 표준 방식인데, 이 요건을 준수한다면 공간 난방이나 냉방을 위해 거의 에너지가 필요 없는 초저에너지 건물이 만들어집니다. 패시브 하우스 건물은 주거용, 상업용 할 것 없이 독일, 스칸디나비아뿐만 아니라 영국에서도 큰 인기를 얻고 있습니다. 이 방식은 기존 건물의 보수 공사에도 적용할 수 있지만 신축 공사에 훨씬 더 쉽게 적용할 수 있습니다. 인터뷰에서 그린하트의 리처드와 말콤은 재료, 부지의 접근성, 디자인, 물, 결로 등과 같은 요소들이 모두 문제를 일으킬 수 있기 때문에 신축보다 개보수가 더 어렵다고 강조했습니다. 물론 신축 공사에도 고려할 점이 없지 않습니다. 사물인터넷

[*] 독일어 PassivHaus, 단열재 등을 이용해 내부 열이 밖으로 새어 나가는 것을 막아 에너지 사용량을 줄이는 집

으로 스마트홈을 구현하면 에너지 효율이 높은 주택을 만드는 데 확실히 도움이 될 겁니다. 하지만 여기서는 다른 내용을 먼저 살펴보고 이건 나중에 다루겠습니다.

셀프건축을 하거나 임대주택을 지을 때 패시브 하우스 방식을 사용하면 입주자, 집주인, 투자자가 관리비를 아낄 수 있어 이 방식이 점점 더 많이 도입되고 있습니다. 이 방식을 도입하면 여러 이해관계자가 생겨납니다. 수익을 극대화하기 위해 최소한의 기준만 지키며 저비용 주택을 건설하려는 대형 주택 건설업자, 단기 이익을 추구하는 은행, 신규 건설 개발을 제한하는 도시설계 담당자, 그리고 이런 건축 방법과 재료를 인정하지 않는 감정평가사와 같이 부동산 시장에서 활동하는 일부 이해관계자는 패시브하우스의 도입을 싫어할 수 있습니다. 하지만 일반 대중은 품격 있고 저렴한 동시에 에너지 효율적인 주택을 원하기 때문에 이 방식은 분명히 수요가 있습니다. 그리고 에너지 효율을 지원하기 위한 정부, 각종 단체, 산업별 협회의 움직임도 점점 활발해지고 있습니다.

우리가 비록 지구 자원을 개인적으로 소유하고 있지는 않더라도 정부는 우리가 이에 관심을 갖게 돕습니다. 예를 들어 에너지 효율에 관한 법률은 임대인에게 영향을 미칩니다. 2018년 4월 1일부터 민간 임대주택을 새로 짓거나 개조하려면 E등급 이상의 에너지 효율EPC 등급이 필요합니다. 이에 따라 2020년 4월 1일부터 모든 임대주택의 임대 기간이 영향을 받습니다. 임대 자산에 E등급 이상의 EPC 등급이 없는 경우 임대할 수 없습니다. 만약 F등급이나 G등급의 부동산을 임대하면 4,000파운드의 벌금을 물게 됩니다. 결국 난방 시스템을 업그레이드해야겠죠.[20]

비싸다고 생각할 수도 있지만 영국의 그린빌딩위원회 보고서는 건물 하나를 E등급으로 올리는 데 드는 평균 비용이 약 1,400파운드이며 그 70%인 약 1,000파운드를 집주인이 부담한다고 합니다. 벌금 4,000파운드보다는 확실히 낫지 않나요?[21] 우리가 부동산을 임대하거나 벌금을 내지 않으려 최소한의 에너지 등급을 받아야 하는 것이 채찍이라면 재생에너지 지원제도RHI, Renewable Heat Incentive는 당근일 수 있죠. RHI는 집주인이 그동안 익숙했던 가스나 그리드 전기 같은 탄소 연료시스템 대신 지속 가능한 에너지 시스템을 설치하도록 장려하는 정부제도입니다.[22] 이 제도는 부동산이 태양열, 바이오매스, 공기 및 지상 열 펌프 시스템 등으로 에너지를 공급받으면 집주인에게 7년간 분기별로 보조금을 지급합니다. 초기 투자 비용도 지원받을 수 있고 투자자도 시설자금을 지원한 후 집주인의 분기별 지급액을 할당 받을 수 있습니다.

그린하트의 리처드Richard, 말콤Malcaom과 팟캐스트에서 이야기한 것처럼 지속 가능한 건물은 친환경 및 생태학적인 요구 사항과 부동산 투자자의 이해관계를 모두 충족시킬 수 있습니다. 즉 단순한 환경적 고려 사항뿐만 아니라 투자자들의 동기를 부여하는 비즈니스적 측면의 지원도 있는 거죠.

결론

이미 우리가 찾은 몇 가지 돌파구가 있고 아직 발견하지 못한 다른 것도 있습니다. 가까운 미래에 3D 프린팅한 집으로 화성에 식민지를 건설하는 장면을 보지는 못해도 부족한 주택을 공급하거나 공장을 짓거나 적어도 집을 짓기 위한 건축 자재들을 만드는 장면은 곧 볼 수 있을 겁니다.

새로운 재료 중에서 초현대적인 것처럼 보이는 것도 있지만 기존에 있는 재료의 용도를 새롭게 찾아내거나 개선하는 연구도 진행되고 있습니다. 헴크리트가 아니더라도 매트 고프가 말한 자가 치유 콘크리트는 곧 누군가가 개발하게 될 겁니다.

임대주택 건설이 앞으로 몇 년 동안 엄청나게 성장할 것이라는 점은 의심의 여지가 없습니다. 주택을 보유하든 임대하든 개발이 필요하긴 하지만 장기적으로 운영하기 위해 개발하는 주택은 분명히 더 높은 품질로 짓고 더 지속 가능하도록 지을 겁니다.

에너지 부분도 중요합니다. 제 생각에 에너지는 우리 세대가 해결해야 할 가장 중요한 문제 중의 하나입니다. 정부 지원이 효과적이라 더 많은 당근과 채찍이 필요할 수 있습니다. 그러나 이런 지원을 통해 수요가 증가한다면 에너지 효율이 높은 주택을 좀 더 대규모로 도입할 수 있도록 기술도 개선되어야 합니다.

개인적으로 저는 이러한 기술, 정책, 동향에 일부 중복되는 부분도 있다고 생각합니다. 더 많은 집이 필요하기 때문에 공장에서 만든 주택이나 3D 프린팅 주택이 도움이 될 것 같습니다. 건설산업에서 숙련 기술자가 줄어들고 있으니 기술 발달을 통해 이를 보완해야겠죠. 그리고 당면한 에너지 문제를 해결하기 위해 패시브 하우스를 설계하고 있고 목재 프레임과 패널 형태의 재료를 사용하여 건설된 지속 가능한 주택도 조금씩 확산되는 것으로 보입니다.

투자자와 디벨로퍼에게는 기회도 있지만 위협도 있습니다. 우리는 세상이 바뀌기 전에 먼저 바뀌어야 합니다. 그렇지 않으면 도태되는 것은 시간 문제입니다. 앞으로 건설 기술 개발 분야의 다양한 발전 모습을 계속 주목하세요.

2장 스 마 트 홈 과

사 물 인 터 넷

제 2장

스마트홈과 사물인터넷

홈 오토메이션, 즉 스마트홈 기술은 지난 몇 년간 큰 뉴스거리였습니다. 비록 이 분야가 20년 이상 존재해왔지만 구글, 아마존, 애플과 같은 테크 기업들이 등장하면서 새로운 시장이 생기고 더 다양한 기술을 더 쉽게 이용하게 됐습니다. 스마트폰과 태블릿을 더 많이 이용하고 무선 인터넷의 속도와 접근성이 개선되면서 기술이 제공하는 기회가 크게 늘어났죠.

그리고 아마존 알렉사와 구글 홈의 등장은 스마크홈 시장의 2단계를 열었습니다. 유명한 축구 선수 집에서 TV나 조명을 원격 제어장치나 벽에 있는 패널로 조작하는 것을 봤다면 스마트홈이라는 단어에서 '백만장자 축구 선수의 집'을 떠올리기도 할 겁니다. 하지만 이제는 원격도어락, CCTV, 오디오-비디오 출입제어장치만 추가하면 축구 선수들과 같은 백만장자들이 사용하는 홈 오토메이션 시스템을 만들 수 있습니다. 이 중에서 상당 부분은 이미 상용화된 제품과 '플러그 앤 플레이' 장치를 통해서도 가능합니다.

ThroughMyTV.com에서 나온 '더 프로퍼티 보이스' 팟캐스트 게스트인 앤디 콕스가 이런 점을 잘 지적했다고 볼 수 있습니다. 일부 기능만을 제공하는 DIY 시장이 있는가 하면 전문가들이 코드를 작성하고 다양한 장치와 인터페이스로 모든 것을 자동화하는 전문적인 시장도 있습니다. 기술을 조금만 연구하면 API나 각종 기술을 사용해 서로 다른 기기와 프로토콜이 소통할 수 있도록 해주는 것이 어렵지 않습니다. 여러분이 14살이 아니라면 말이죠!

비용 관점에서 우리는 이러한 기술의 가격이 수천 파운드에서 수백 파운드로 떨어지는 것을 지켜봐 왔습니다. 그리고 이로 인해 이런 기술이 전보다 더 큰 잠재시장에 접근할 수 있게 됐죠.

또 한 가지 고려할 것은 연결성, 특히 인터넷입니다. 스마트홈에는 광대역, 와이파이Wi-Fi 및/또는 3/4G 모바일 인터넷을 사용할 수 있는 저가의 장비가 꼭 필요합니다. 연결성이 스마트홈의 핵심 역할을 하는 거죠. 주택을 구입하거나 임대하려는 사람이 가장 먼저 하는 일 중의 하나가 TV 서비스보다도 광대역 인터넷 속도 확인이라고 합니다. 부동산 투자자와 디벨로퍼는 이것을 꼭 알아야 합니다. 사람들은 TV를 보면서도 종종 휴대폰을 꺼내 다른 프로그램을 함께 볼 텐데 인터넷 속도가 낮다면 부동산이 제값 받기는 힘들 겁니다.

임대 부동산에서 세입자가 스포티파이와 넷플릭스와 같은 청구형 서비스에 문제가 있을 때 무료 임대 기간과 재임대 수수료를 그대로 포기한 채 다른 곳으로 이동하는 건 낯선 일이 아닙니다. 임대인에게는 돈이 드는 일이죠. 반대로 이러한 서비스를 임대료에 포함해 제공하면 수요를 증가시키고 임대와 임대 사이 공실 기간을 줄이면서 임대료도 비싸게 받을 수 있는 차별화 요인이 되기도 하며 프리미엄을 받을 수도 있습니다. 아마존 파이어 스틱, 넷플릭스 구독을 포괄적인 서비스로 제공하거나 앤디 콕스가 언급한 대로 무료로 스포티파이에 가입할 수 있게 해주는 소노스 스피커를 제공하여 경쟁 업체와 차별화할 수 있습니다. 마찬가지로 또 다른 게스트인 유패드의 제임스 데이비스는 임대료에 이미 포함된 초고속 광대역통신망을 자신의 임대 부동산에서 제공한다고 말했습니다. 덕분에 세입자는 스스로 설치하는 시간과 노력을 아낄 수 있습니다.

광대역 및 모바일 인터넷 커버리지가 스마트홈에서 가장 중요하기는 하지만, 애플리케이션을 사용할 때에도 점검할 요소가 있습니다. 장치에서 와이파이를 켰을 때 얼마나 많은 와이파이 연결이 표시되는지 확인해 본 적 있나요? 아마도 여러분의 와이파이뿐만 아니라 이웃의 신호 역시 잡히는 것을 확인할 수 있는데 이는 와이파이 주파수 또한 혼잡할 수 있다는 것을 의미합니다. 스마트홈 전문가이기도 한 앤디 콕스는 자신의 경험을 바탕으로 와이파이를 지원하는 스마트홈 솔루션 10개 중에서 7개는 버그가 없다고 말했습니다. 버그가 예상되는 비율은 약 30%인데 이는 주로 커버리지와 대역폭 문제에서 비롯됩니다. 그러므로 스마트한 옵션은 와이파이 및 무선 통신망에 의존하는 개방적인 인터페이스가 아닌, 보다 폐쇄적이거나 유선 시스템을 사용하는 것입니다.

이 문제는 스마트홈의 또 다른 핵심 요소인 보안과도 관련이 있습니다. 인터뷰에서 그렉 린지는(9장 '빅픽처, 스마트시티 그리고 메가트렌드' 참조) 범죄자들이 스마트홈 시스템의 약점을 악용해 해킹과 데이터 절도를 저지르는 사례를 보여줬습니다. 하지만 유선 시스템은 그런 위험의 가능성을 줄여줍니다. 그리고 유선 시스템을 사용하면 보안 외에도 같은 건물의 다른 사용자에 영향을 주는 '헤비 유저'와 분리된 자기만의 대역폭을 보장받을 수 있습니다. 집에서 근무를 하는 사람이 게임을 하는 청소년들 때문에 업무를 방해받거나 공유주택에 사는 세입자들이 다른 방에 있는 비트코인 채굴자들 때문에 넷플릭스를 보며 친구와 노는 시간을 방해받았다면 여러분은 이런 종류의 구역 설정이나 '서비스 품질' 제한이 꼭 필요하다는 것을 알 수 있을 것입니다.

이런 유선 시스템은 또한 오래된 주택을 개조하는 것보다 새 건물을 짓는 것이 낫다는 점을 확실히 보여줍니다. 케이블과 스마트홈 인프라를 구축하기에 가장 좋은 시기는 설계 및 구축 단계일 것입니다. 오래된 부동산에서 이게 가능한 시기는 보수 기간입니다. 하지만 혹 보수 기간에 설치하지 못하더라도 와이파이나 3G/4G 무선 통신망을 기반으로 작동하는 시스템을 설치할 수 있습니다.

사물인터넷

스마트홈 기술은 사물인터넷과 밀접하게 연결됩니다. 그러면 사물인터넷이란 무엇일까요? 간단히 말해 인터넷과 관련된 모든 장치의 와이파이나 모바일 연결입니다. 연결된 장치는 서로 대화하고 정보를 공유할 수 있습니다. 오늘날 이것은 중앙난방장치, 비디오 초인종, 문 잠금장치, 냉장고, 주전자, 오디오시스템, 전원 소켓, 경보시스템이 될 수 있습니다. 가능성은 무한합니다. 인터넷이 연결되면 해당 시스템, 장치 또는 기기를 컴퓨터, 스마트폰 또는 태블릿으로 원격으로 제어할 수 있습니다.

앞서 언급했듯이 스마트폰과 태블릿을 더 많이 사용함에 따라 홈 오토메이션의 범위가 넓어졌습니다. 이는 또한 평범한 집주인이나 부동산 투자자가 홈 오토메이션을 더 저렴하고 쉽게 구현할 수 있게 합니다. 홈 오토메이션으로 여러 장치가 서로 소통하고 정보를 공유하며, 이를 통해 집주인의 생활을 더욱 쉽고 편안하게 만들 수 있습니다. 와이파이 또는 인터넷 지원장치와 센서의 조합은 스마트홈 기술의 기본입니다. IFTTT˚나 자피어Zapier처럼 클라우드 기반 앱 통합관리 서비스와 규칙 기반 프로그래밍 소프트웨어에 의해 지원되는 홈 오토메이션의 힘은 정말 놀랍습니다. 예를 들어 IFTTT는 장치와 앱이 서로 대화할 수 있게 지원하는 무료 클라우드 기반 소프트웨어로 특정 조건이 충족되면 특정 작업을 수행합니다. 이제 기술을 통해 실제로 할 수 있

˚ **(역자 주)** IFTTT는 애플릿을 통해 타 소프트웨어를 관리할 수 있도록 도와주는 프로그램이다. "If This Then That"의 준말로 "만약에 그러면 그러하다"라는 뜻과 같이 예를 들어 IFTTT을 이용하여 특정 해시태그로 트윗할 경우 이를 자동으로 누군가에게 이메일을 보내는 애플릿을 만드는 것이 가능하며, 자신이 페이스북에서 태그된 사진을 드랍박스에 자동으로 저장할 수 있다.

는 일들로 넘어가겠습니다. 당연히 우리는 집주인과 부동산 투자자가 시간과 돈을 절감하며 사업을 더 잘 운영할 수 있도록 스마트홈 기술로 도울 수 있는 방법을 찾을 것입니다.

응용 분야

에너지 절약

난방

와이파이 지원 중앙난방 시스템을 사용하면 난방 시기와 장소를 완벽하게 제어할 수 있습니다. 예를 들어 스마트폰으로 난방을 켜게 되면 일찍 퇴근해도 춥지 않은 집으로 돌아갈 수 있습니다. 거의 사용하지 않는 방이 있으면 온도조절장치를 적절히 설정할 수 있고 라디에이터의 개별 TRV 밸브로 방 또는 특정 구역을 독립적으로 제어해 에너지를 낭비하지 않게 할 수 있습니다. 현재 영국 스마트온도조절장치시장에서 가장 유명한 회사는 구글 소유의 네스트와 영국가스공사의 하이브입니다. 대부분의 대형 에너지 회사는 스마트 온도조절장치를 판매용과 SSE(역자 주: 영국 2위 규모의 에너지 공급 업체) 소유의 임대용으로 보유하고 있습니다. 잘 알려진 많은 전통적인 온도조절장치와 보일러 제조업체들도 온도조절장치시장에 뛰어들었습니다.

네스트는 인공지능으로 난방 시스템을 실제 사용하는 방법을 배우는 인상적인 키트입니다. 다시 말해 보통 출근할 때 난방 기기를 끄고 귀가할 때 난방을 다시 켜면 그 사실을 파악해 자동으로 같은 패턴을 만들기 시작합니다. 집이 비어 있을 때 이를 감지하고 자동으로 난방 온도를 안전하면서도 최소 수준으로 낮춰주는 동작센서가 탑재돼 있습니다. 예를 들어 더 이상 휴가를 떠날 때 시스템을 프로그래밍할 필요가 없다는 얘기입니다. 기기가 와이파이 연결로 일기예보에 접속해 서리가 내리거나 따뜻한 밤이면 그에 따라 아침 난방 시간을 조절할 수 있다는 뜻이죠. 네스트를 이용하면 영국 가정에서 평균 8.4~16.5%의 난방비를 절감할 수 있다고 하는데[1] 앤디 콕스는 학습 알고리즘을 사용하는 일부 제품이 연간 최대 30%의 난방비를 절감했다고 말합니다.

영국 HMO(역자 주: 다인 거주 주택 Houses in Multiple Occupation)와 연휴 기간에 숙소를 운영하는 집주인을 겨냥하는 특정 스마트온도조절장치도 있습니다.[2] 이 기능으로 건물의 중앙난방을 원격으로 제어할 수 있습니다. 만약 HMO 세입자들이 난방을 24시간 켜놓고 너무 더울 때 창문을 열어 온도를 조절하고 있다면 이 장치가 바람직한 해결책입니다. 최소 온도와 최대 온도를 원격으로 설정하여 해당 부동산에 거주하는 사람이 온도조절장치를 섭씨 30도로 설정하는 등 비상식적인 행동을 할 수 없도록 할 수 있습니다. 연휴 기간 숙소를 운영하는 집주인은 다양한 문제에 직면하기도 합니다. 스마트 온도조절장치를 사용하면 숙박 손님이 없을 때 서리로부터 보호하면서도 과열되지 않게 할 수 있습니다. 임대주가 조절 가능한 온도조절장치를 만드는 인스파이어 홈 오토메이션 Inspire Home Automation 은 부동산낭 연간 평균 165파운드의 에너지 요금을 절약하고 있다고 말합니다. 제가 학생이었던 시절에는 난방장치를 최대한 작동시킨 다음 창문을 열어 열을 식히곤 했죠. 스마트 온도조절장치 시스템은 라디에이터에 TRV 밸브가 장착되어 있고, 방에 창문센서가 장착되어 있다면 이런 상황의 발생을 예방하는 데 도움이 됩니다.

표준 '바닐라' BTL 건물에서도 스마트홈 기술을 사용하여 에너지를 절약하면 집주인과 세입자 모두에게 이익이 됩니다. 임대 자산에 대해 더 나은 EPC 등급을 얻을 수 있다면 임대인에게 더 매력적일 것입니다. 임대 부동산에 대한 EPC 등급을 더 잘 받을 수 있다면, 더 따뜻하면서도 더 낮은 에너지 요금이 부과되는 것과 더불어 곰팡이로 고통받을 가능성이 적어 세입자에게 더 매력적이겠죠. 에너지 효율을 개선하면 해당 부동산을 팔려고 할 때 그 가치를 높일 수 있습니다.

스마트 조명 및 전기장치

스마트폰 또는 스마트홈 허브(예를 들어 아마존 에코, 구글 홈 또는 애플 홈키트 같은)를 사용해 스마트 조명의 색을 바꾸거나 원격으로 켜고 끌 수 있으며, '영화의 밤' 또는 더 낭만적인 '데이트의 밤' 같은 오디오 명령을 내릴 때 특정한 환경도 만들 수 있습니다.

팟캐스트 게스트인 ThroughMyTV.com의 앤디 콕스는 스마트홈 시스템 내에서 조명을 프로그래밍해 생활을 더 편리하게 만들 수 있다고 설명했습니다. 여러분은 일기예보에서 온도를 밤새 모니터링하도록 홈 허브에 요청할 수 있습니다. 만약 서리가 내린다면 여러분은 아침 6~8시 사이에 복도 불빛을 파란색으로 바꿀 수 있습니다. 그래서 여러분이 계단을 내려올 때 만약 파란불이 켜지면 그날 아침에 차의 성에를 제거할 시간이 필요하다고 미리 알 수 있겠죠.

록손과 같이 더 비싼 스마트홈 시스템을 사용하면 조명으로 안전과 보안을 강화하도록 스마트홈 시스템을 프로그래밍할 수 있습니다. 밤에 화장실에 가기 위해 일어났을 때 평소보다 어두운 조명으로 길을 비춰주게 하는 것도 어렵지 않습니다! 이러한 가운데 록손은 보안 및 화재 경보 시스템의 일부로 조명을 사용합니다. 주인이 집에 없을 때 도둑이 들어오면 여러분에게 경고를 보낼 뿐만 아니라 조명 시스템이 밝게 번쩍이며 관심을 끕니다. 이를 이용해 최대 볼륨으로 여러분이 선택한 음악('Flight of The Valkyries' 또는 'Who Let the Dogs Out'은 어떤가요?) 또는 음성 메시지를 내보내면 어지간한 도둑은 오래 머물지 못하겠죠.

스마트 조명의 가장 큰 매력 중 하나는 수백만 가지 색상에서 원하는 색상을 선택해 멋진 조명을 연출할 수 있다는 점입니다. 여러분이 가장 좋아하는 영화의 밤을 만들거나 로맨틱한 저녁 식사나 디스코 조명 장면을 만드는 것처럼 버튼 하나 또는 한 두 마디로 집의 분위기를 완전히 바꿀 수 있습니다.

하지만 화려한 스마트 조명은 임대용 부동산에서 쓰기에 대부분 과합니다. 전기 사용을 줄일 수 있는 다른 저렴한 방법이 많이 있습니다. 절전 전구는 분명히 에너지 사용을 낮추기 위한 좋은 방법입니다. 우리들 중의 많은 사람은 전기 제품을 사용하지 않아도 전원을 끄지 않거나 대기 상태로 두지 않죠. 스마트 소켓과 확장 케이블로 디지털 보조장치를 통한 음성 명령이나 전화기 또는 태블릿의 앱을 사용해 콘센트를 켜거나 끌 수 있습니다. 그중 일부는 타이머나 IFTTT 기능까지 제공하여 특정 시간에 기기를 켜거나 끄게 해 에너지 사용을 최적화합니다. 스마트 확장 케이블은 온라인에서 25~30파운드에 구입할 수 있으며 스마트 콘센트는 10파운드 정도부터 구입할 수 있습니다.

안전과 보안

스마트홈 보안 시스템에서 스마트 조명을 사용하는 방법은 이미 다뤘지만 스마트홈을 사용해 집을 더 안전하게 만드는 방법은 여러 가지입니다. 와이파이가 가능한 비디오 초인종을 사용하면 집에 없을 때 스마트폰을 통해 초인종을 누르고 응답하는 사람을 볼 수 있습니다. 배달원이나 택배기사가 올 것을 알고 있을 때 현관문에 스마트 도어락이 달려 있다면 집에 없더라도 안으로 들일 수 있습니다. 중개인이나 배달원이 방문할 때 임차인이나 게스트들이 집에 있는 시간과 맞추기가 쉽지 않은데 아무도 집에 있을 필요가 없을 것입니다. 물론, 임차인이나 게스트에게 방문한다고 통지는 해야겠지만요.

스마트홈 화재경보 시스템은 센서를 이용해 화재나 연기를 감지하고 집주인에게 즉시 알려주는 등 앞에서 언급한 보안 시스템과 유사한 방식으로 작동할 수 있습니다. 마찬가지로 스마트 일산화탄소 모니터도 같은 기능을 합니다. 이렇게 연결된 알람은 배터리가 소진되었을 때 메시지를 보내는 등 똑똑한 작업을 수행하기 때문에 명부를 더욱 쉽게 관리할 수 있습니다. 종종 다용도실, 주방 및 욕실 같은 장소에 센서를 설치해 누출 감지 시스템이 누수를 즉시 알려 손상을 최소화합니다. 심지어 부적절한 환기가 곰팡이 증식에 적합한 조건을 만들어내고 있는지를 감지하는 습기 센서도 있습니다. 만약 우리가 이 아이디어를 발전시킨다면 환기장치를 원격으로 작동시키거나 창문을 열지 못할 이유가 없습니다. 지금은 아닐지 몰라도 기껏해야 몇 년 안에는 말이죠.

세입자가 부동산에서 퇴거할 때 부동산 투자자 대부분이 자물쇠를 바꿉니다. 집주인이 가는 곳마다 거대한 열쇠 꾸러미를 끊임없이 들고 다니는 것도 자주 볼 수 있는데요. 고객 명부가 있어도 열쇠를 찾기가 어렵습니다. 하지만 스마트 락은 이에 대한 해답이 될 수 있습니다. 원

격으로 설정된 키 코드로 관리하면 세입자가 떠날 때 코드를 쉽게 바꿀 수 있습니다. 또한 연휴 기간에 자신의 집을 숙소로 빌려주는 집주인에게도 매우 중요합니다. 마지막 손님이 열쇠를 반납하지 않을 경우를 대비해서 열쇠 금고를 따로 가지고 있을 필요가 없습니다! 전에 저에게도 그런 일이 있었거든요.

CCTV와 다른 카메라 모니터링장치도 설치할 수 있고, 경우에 따라 전원공급장치(태양광 전력 사용) 또는 광대역 지원 전화선(3G/4G 사용)에 연결할 수도 있습니다. 하룻밤 사이 또는 장기간에 걸쳐 부동산이 비는 단기 임대사업자나 개발업자에 매우 유용할 수 있습니다.

생활 지원 시설

다음 장에서 살펴보겠지만, 선진국에서 나타나는 세계적인 추세 중 하나는 인구 고령화입니다. 사람들이 점점 더 오래 살고 있지만, 안타깝게도 이는 만성적인 질병을 앓는 건강 상태와 열악한 이동성을 가진 더 많은 지역사회의 구성원들도 있을 것이라는 의미입니다. 나이든 친척이 병약해지는 것을 많이들 보셨겠지만 그들은 요양원에 들어가고 싶어 하지 않습니다. 이런 독립적인 정신은 존경스럽지만 사랑하는 사람들에게 큰 걱정을 끼칩니다. 음성으로 활성화되는 홈 오토메이션은 불을 켜거나 끄기 위해 일어나거나, 콘센트를 켜고 끄거나 태블릿으로 문 앞에 누가 있는지 확인하는 것과 같이 가정에서 반복적인 작업을 훨씬 쉽게 수행할 수 있습니다(버튼을 누를 필요가 없습니다). 누군가의 규칙적인 습관과 움직임이 센서로 자동 추적되는 스마트홈 기술이 개발되고 있습니다. 만약 엄마가 아침 9시까지 전기포트를 작동하지 않거나 화장실을 일정한 간격으로 가지 않는다면 가족, 친구, 보호자에게 그들이 찾아주기를 바랄 수도 있다는 알림 메시지가 발송됩니다. 이에 대한 매개변수는 무제한이며 취약계층의 일상에 정확하게 맞출 수 있습니다. 시스템에 카메라를 추가하면 거주자의 허락을 받은 후 카메라를 켜고 영상으로 잘 지내는지 확인할 수 있습니다. 만약 노인이나 병든 친척들이 다른 친척들에게 걱정을 덜 끼치면서 자기 집에 더 오래 머물 수 있다면 확실히 모두에게 좋겠지요. 노년층이 점점 더 많은 가구 수를 차지하고 있는 상황에서 부동산 투자자는 거동이 불편한 세입자들에게 이러한 종류의 기술을 장점으로 내세워 단층집 같은 임대 부동산의 가치를 높일 수 있습니다.

스마트홈 기술의 장단점

장점

프로세스 자동화

스마트홈 기술을 통해 일부 프로세스를 자동화하고 다른 프로세스를 효율화해 임대용 부동산을 더욱 쉽게 관리할 수 있습니다.

여러분의 부동산을 돋보이게 합니다

에너지를 절약하는 스마트홈 기술은 세입자와 잠재 구매자에게 부동산이 더욱 매력적으로 보이게 만들어 경쟁이 치열한 시장에서 두각을 나타낼 수 있게 합니다. 그럼 여러분은 임대료를 조금 더 청구하거나 판매 가격을 조금 더 높게 받을 수도 있겠죠.

투자물을 보호합니다

임대 부동산의 내부가 따뜻하고 건조하다면 습기 관련 문제로 덜 괴롭겠지요. 도난, 누출 감지, 화재 또는 일산화탄소 등에 대해 알람을 설정하면 문제가 발생했을 때 즉시 알려줍니다.

스마트홈 기술은 부동산 관리에 도움이 됩니다. 예를 들어 현관문에 스마트 자물쇠를 설치하면 쉽게 부동산에 대한 접근을 제어할 수 있어 계약자들이 쉽게 들어갈 수 있고 세입자들이 이사할 때 자물쇠를 바꾸는 데 드는 비용을 절감할 수 있습니다. 아니면 따뜻한 바람이 나오는데 창문이 모두 열려 있는 학생용 집에서 난방 기기를 원격으로 끄고 싶을 수도 있죠.(네, 그때는 그랬어요!)

저렴한 비용

확실히 비용이 엄청나게 들지는 않지만 세입자와 집주인을 긍정적으로 변화시키는 스마트홈 기술이 많이 있습니다.

단점

초기 비용

돈을 많이 쓸 필요는 없지만 스마트홈 기술에 투자하면 초기 비용이 소요됩니다.

수명

정의에 따라 스마트홈 기술은 인터넷에 연결되어 있고 종종 애플리케이션의 기본 제어 인터페이스에 의존합니다. 해당 장치뿐만 아니라 지원 애플리케이션 및 소프트웨어에 대한 예상 수명에 대해서도 의문을 가질 필요가 있습니다.

보안

인터넷에 연결된 수많은 장치를 집(또는 임대 부동산)에 연결하는 것에 대해 많은 의문이 있습니다. 해킹, 악성코드, 바이러스 등은 모두 냉장고, 도난 경보, 보일러, 결제 메커니즘에 연결된 대형 홈 네트워크를 통해 훨씬 더 큰 피해를 입힐 수 있습니다.

데이터 보호와 선택

주요 데이터 수집기나 GAFA(구글, 아마존, 페이스북, 애플)가 장기적으로 스마트홈 기술을 통해 최대한 이익을 얻으려 할 것입니다. 예를 들면 아마존이 부패하는 음식을 감시하도록 스마트 냉장고를 조사할 수도 있고, 심지어 우유가 부족하지 않게 주문할 수도 있죠.

이는 향후 서비스 공급 업체 선택의 폭이 줄어드는 걸 의미할까요? 그리고 누군가 내가 절인 양파를 좋아한다는 사실을 알게 될까요?

'인터넷의 빈부 격차'

스마트홈 기술은 빠르고 안정적인 와이파이와 인터넷 액세스가 필수적입니다. 그렇지 못한 국가나 세계 다른 지역에서는 어떤 일이 일어날까요? 걱정하지 마세요. 호주의 신생 기업인 플릿(Fleet)이 위치와 상관없이 IoT 연결을 지원한다는 구체적인 목표를 가지고 나노 위성 네트워크를 만들고 있습니다.

결론

최근 스마트홈 기술은 말 그대로 폭발적으로 확산되고 있습니다. 이는 몇몇 주요한 이유로 가속화된다고 볼 수 있습니다. 첫째. 초고속 광대역 인터넷과 3G/4G 모바일 인터넷 연결은 상호 연결된 장치가 확산될 기반이나 플랫폼을 제공했습니다. 둘째로 구글, 아마존, 애플과 같은 대기업이 쓰기 쉽고 저렴한 제품으로 홈 오토메이션, 원격 제어 및 액세스, 홈 에너지관리 같은 보다 확실히 자리잡은 산업시장에 진입했습니다. 집에서 여러가지 기발한 것을 작동하기 위해 프리미어리거가 될 필요가 더 이상 없는 겁니다.

IFTTT와 같은 프로그램을 연결하는 API, 사용자 인터페이스의 연결성이 개선되면서 이전에 큰 걸림돌이었던 서로 다른 기술 간의 융합이 훨씬 쉬워졌습니다. 이제는 스마트폰만 있으면 말 그대로 어디서든 원하는 곳에서 부동산을 제어할 수 있습니다.

이같은 기술 양산을 촉진하는 외부적인 원인도 있습니다. 여기에는 에너지 효율 문제, 고령화 인구, 그리고 재택근무 등이 포함되고, 이는 우리가 부동산을 이용하는 방법을 바꾸고 있습니다. 한편 스포티파이나 넷플릭스와 같은 주문형 서비스가 확대되면서 부동산 투자자와 개발업자는 건물을 지을 때 어디에 건설하고 구입할지(좋은 광대역통신과 모바일 커버리지를 의미합니다) 뿐만 아니라 부동산을 어떻게 구축할지(케이블 네트워크, 와이파이 신호 부스터 및 설치 서비스를 의미)도 신중히 고려하게 됐습니다.

이런 발달에 힘입은 편리함과 편안함, 생활 방식 요인을 넘어 친환경적 분위기와 밀레니얼 기술에 대한 필요성이 없더라도 비용 절감, 임대료, 공실 기간 단축, 부동산 보호 등이 우리의 관심을 끌고 있는 것은 분명합니다. 우리가 이러한 연결혁명에 동참하지 않고 빈둥댄다면 말 그대로 뒤처지며 멸종할 수 있습니다. IFSEC GLOBAL에 따르면, 결국 2020년까지 영국 가정의 25%에 홈 오토메이션이 공급될 예정입니다.[3]

가까운 미래에 우리는 사물인터넷을 사용하는 연결장치와 터치형 제어장치가 더 늘어나는 것을 볼 것입니다. 이 장치는 점점 더 음성 제어장치로 바뀔 것입니다. 건물 내외부의 네트워크 인프라는 불가피하게 사람들이 주택을 결정하는 중요한 부분이 될 것입니다. 따라서 이런 변화에 최소한 첫 발을 내딛으려면 여러분 건물에 기본적으로 통합 케이블 단자, USB 충전 포인트 및 초고속 와이파이를 잘 설치해 놓아야 합니다. 기본적으로 이런게 있으면 다른 것도 쉽게 추가할 수 있습니다.

주의할 점은 사이버 보안이 중요하기 때문에 가능한 한 모든 곳에 적절한 방화벽 및 기타 보안 조치를 적용해야 한다는 것입니다. 폐쇄형 또는 유선 연결 솔루션을 선택하는 것도 좋은 방법이 됩니다. 무선을 이용하면 대역폭이 섞이거나 신호 간섭이 발생하여 성능이 떨어질 수 있어서 아직은 유선 시스템을 추천합니다.

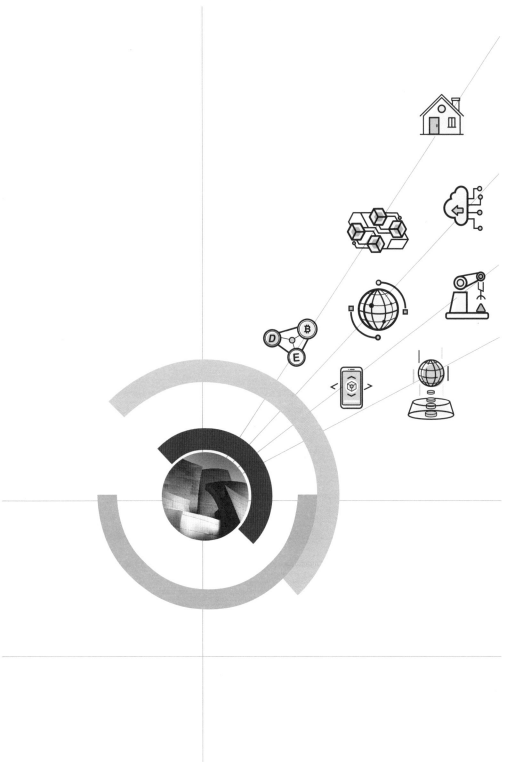

3장 빅 데 이 터
인 공 지 능
AI 툴 앱

제 3장

빅데이터, 인공지능(AI), 툴, 앱

지주나 부동산 투자자 되기가 힘들다는 것은 많은 독자가 동의하리라 믿습니다. 기술이 어떻게 지주나 투자자가 포트폴리오를 더 쉽고 효과적으로 운영할 수 있게 돕는지 항상 알고 싶었습니다. 이 장의 뒷부분에는 지주나 투자자를 대상으로 한 유용한 시스템, 앱, 툴 목록이 나와 있으며 링크 문서를 계속 업데이트해 나갈 것입니다. 업데이트에 대한 독자의 요청은 언제나 환영합니다. 결론 부분 및 다음 장에 있는 매우 유용한 보너스 페이지로 이동해 가이드라인을 따라가면 최신 상태로 업데이트할 수 있습니다. 그러나 저는 또한 이러한 툴이 어떻게, 왜 생겨났는지, 그리고 기술이 미래에 우리에게 어떤 것을 가져다줄 것인지 이해할 필요가 있다고 생각합니다.

페이스북을 할 때 최근 웹에서 구글로 검색한 광고와 같은 광고가 뜨는 걸 아나요? 짜증나지 않으세요? 그러나 이는 제품과 서비스를 우리 필요에 잘 맞게 하기 위해 빅데이터가 어떻게 사용되는지를 보여주는 좋은 예입니다. 우리 모두 일상생활에서 엄청난 양의 데이터를 만들어 냅니다. 스마트폰, 와이파이, 위치 정보의 사용은 우리가 무엇을 하고, 어디를 가고, 무엇을 좋아하고, 싫어하는지 생생한 그림을 만들어 냅니다. 여기서 공통적인 요인은 인터넷이며, 점점 더 모바일 인터넷이 현재 생산되고 있는 대량 데이터의 근원이 되고 있습니다. 이 데이터의 분석은 패턴, 경향 및 연관성을 알아내는 데 사용할 수 있습니다. 지난 몇 년간 데이터의 증가와 그 이유에 대한 놀라운 통계를 살펴보시죠.

2014~2017년 사이 전 세계적으로 인터넷 사용자는 24억 명에서 38억 명으로 증가했습니다. 불과 3년 만에 무려 42% 증가한 것입니다.[1]

2017년 IBM 보고서에 따르면, 전 세계 데이터의 90%가 최근 2년 동안 생성된 것입니다.

2017년 IDC(기술산업시장 전문 조사기관)는 전 세계에 존재하는 데이터의 양이 2025년까지 현재의 10배 이상으로 증가할 것으로 예측했고, 대부분의 다른 조사 기관에서도 증가할 것이라고 예측했습니다.

그러나 개인에 관한 데이터뿐만이 아닙니다. 정부, 기관, 기업 역시 장소와 거래 그리고 사람에 대한 익명의 자료를 수집하고 전송하고 있습니다. 그 다음 이 데이터를 쉽게 접근할 수 있고 유용한 정보로 만들기 위해 다른 기관들이 분석·사용합니다. 몇 곳만 언급하자면 라이트무브Rightmove, 주플라, 유패드, 스페어룸닷컴Spareroom.com, 그리고 더 랜드 레지스트리 등을 이용해 부동산 디벨로퍼, 구매자, 세입자는 수많은 정보를 얻고 다양하게 분석하고 있습니다. 부동산 중개인에게 연락하기도 전에 말입니다.

불쌍한 기존 방식의 부동산 중개업자들은 요즘 운영비가 저렴한 온라인과 하이브리드 중개인과의 경쟁으로 어려운 시절을 겪는 것 같습니다. 하지만 당신 생각과 달리, 빅데이터는 전통적인 중개인에게도 긍정적 발전이 될 수 있습니다. 신기술의 장점을 보고 그와 함께 나아갈 수 있느냐에 달렸습니다. 영국 주거투자 데이터와 통찰력을 제공하는 소프트웨어 회사인 리얼리스REalyse의 가브리엘 메르카도Gavriel Merka-do는 2016년 블로그 게시물에 대한 빅데이터 분석을 통해 부동산 업종이 데이터 기술 개발 측면에서 금융업종에 비해 30년 정도 뒤처져 있다고 밝혔습니다.[2] 메르카도는 대량 디지털화가 거래비용을 낮추고 거래량을 엄청나게 증가시키는 것을 관찰했습니다. 우리는 이제 부동산에서 이무브Emoov와 퍼플브릭스Purplebricks 같은 온라인에서 사업을 하는 고정수수료 기반 부동산 중개인이 늘어나는 것을 알고 있습니다. 제가 이 책을 쓰기 위해 프롭테크 세계에 몰두할 때 마주친 공통적인 주제는 메르카도가 간결히 표현한 대로 "기계가 할 수 있는 것은 무엇이든지, 기계가 하게 될 것이다"라는 것입니다. 로봇과 컴퓨터가 인간의 일자리를 빼앗는 것이 많은 사람에게 큰 관심거리지만 부동산 중개소의 경우 이를 통해 사업 효율을 높이고 고객들에게 더 나은 서비스를 제공할 수 있을 것입니다. 만약 컴퓨터가 일상적인 관리업무를 모두 할 수 있다면 부동산 중개업자들은 관계를 맺고 상담 판매에 종사하는 데 더 많은 시간을 할애할 수 있을 것입니다.

앞서 언급했듯이 빅데이터는 추세, 수요, 가치, 투자자와 집주인에 대한 연구를 바탕으로 예상치를 내놓아 시간을 절약하고 리스크를 줄일 것입니다. 빅데이터와 인공지능AI의 영향이 클 또 다른 분야는 거래, 조사, 법률 업무 등 전문 부동산 서비스입니다. 특히 지난 2017년 말에 론칭한 빅 프로퍼티 데이터Big Property Data는 3억 개의 데이터로 이루어진 150개의 데이터셋Data set에 접속이 평균 60초면 접속할 수 있는 전송 시장에 클라우드 기반의 부동산 보고 서비스를 제공했습니다. 지금까지 검색을 완료하는 데 소요되는 시간, 날짜와 비교해 본다면, 부동산 기술을 이런 방식으로 활용할 때 부동산 거래에 대변혁을 일으킬 것이 분명합니다. 온라인 고정수수료 기반 법률/평가 서비스 대행업체에서 흥미로운 예는 세틀드Settled라는 업체입니다.[3] 2016년 설립된 이 회사는 사내 법률 서비스가 완료되는 데 평균 4주 정도밖에 안 걸리고, 전통적인 법률수수료의 절반 정도만 든다고 주장합니다. 또 부동산 매도인이 계약 직전 갑자기 가격을 올리는 행위Gazumping, 매수인이 계약 직전에 갑자기 가격을 낮추려는 행위Gazundering 또는 매도인이 계약 직전에 갑자기 매물을 거둬들이는 행위Gazanging에 따른 불만으로 인해 고객이 1/3으로 감소할 것이란 예상하에 'Strength and Secure'라는 흥미로운 선택적 서비스를 시작했습니다; 위 용어들은(Gazumping, Gazundering 또는 Gazanging) 제게도 익숙한 문제에 대한 새로운 용어입니다![4] 구매자, 판매자 또는 둘 다 세틀드의 부동산 거래 파트너사를 사용하고 환불받을 수 있는 500파운드를 지급하는 것을 선택했습니다. 세틀드에 따르면, 이같은 구도는 출시 후 첫 몇 달 간 양 당사자가 모두 참여해 100% 성공율을 보였습니다.[5]

앞서 이 장에서 언급했듯이, 데이터 기술의 발달은 부동산의 모든

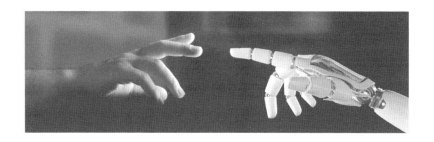

분야에서 효율적으로 수익을 가져올 것입니다. 메르카도는 데이터 통합이 이 분야에 적용되며, 세틀드의 경우처럼 부가 서비스에 대한 낮은 거래비용은 중개인들이 부가가치를 통해 경쟁하게 된다는 것을 의미한다고 합니다. 더 나은 고객 경험을 제공하기 위해 기꺼이 그리고 새로운 기술을 받아들이는 기관들은 더 우월해지고, 아마도 덜 미래지향적인 그들의 경쟁자들을 매수할 것입니다.

우리 모두는 라이트무브를 매우 잘 안다고 생각할지도 모릅니다. 결국 많은 이들에게 라이트무브는 부동산 구입, 임대 또는 투자하기 위해 고민할 때 가장 먼저 찾는 곳이기 때문이죠. 하지만 라이트무브에는 평균적인 최종 사용자가 알 수 없는, 전혀 다른 면이 있습니다. 라이트무브의 데이터 서비스는 대출업자, 주택건설업자, 조사관이 과정을 진행하는 데 소요되던 시간을 단축하고 능률화하는 툴과 분석 데이터를 제공합니다. 여기에 자동평가모델과 평가관 비교툴, 지역보고서 및 개발 인사이트 보고서 등이 포함되어 있는데 이는 일부에 불과합니다.[6]

투자자와 구매자의 최종적인 효용은 빅데이터 덕분에 최신 정보에 대한 쉽고 비용 효율적인 분석이 우리가 올바른 결정을 내리고 있다는 확신을 더 갖게 한다는 것입니다. 중개인, 조사관 및 대출업체는 하드 데이터와 분석을 통해 평가 데이터를 백업하는 것이 더 쉽다는 것을 알게 될 것이며, 빅데이터는 더 나은 고객 서비스를 이끌어낼 비즈니스 효율성을 가져올 것입니다. 이는 장기적으로 윈윈할 수 있는 전략입니다.

인공지능

인공지능, 즉 AI는 실제 1950년대부터 존재했고 잘 알려진 것처럼 그것을 둘러싼 두려움이 많습니다. 테슬라의 일론 머스크, 블라디미르 푸틴, 고인이 된 위대한 교수 스티븐 호킹 등 저명한 인물들은 모두 초인적인 인공지능이 인류에 대한 잠재적 위험이 될 거라고 경고하고 있습니다.[7] 그러나 호킹은 그의 음성 통신장치 기술에 의해 AI의 직접적인 혜택을 받기도 했습니다. AI 문제에 대한 그의 견해는 사실 그가 강조한 것에 비해 더 미묘한 차이를 보입니다. 그는 "지능을 창조해 얻는 잠재적 이익은 크다"라고 말했습니다. 또한 "AI에 의해 우리 자신의 이성이 확장될 때 어떤 성과를 거둘지 예측할 수 없다. 아마도 이 새로운 기술 혁명의 도구로, 우리는 마지막 한 가지-산업화에 의해 자연계에 가해진 피해의 일부를 되돌릴 수 있을 것이다. 그리고 분명히 우리는 질병과 빈곤을 최종적으로 근절하는 것을 목표로 할 것이다"라고 말하기도 했습니다.[8]

인공지능은 빅데이터의 발달과 밀접하게 연계돼 머신러닝Machine Learning을 이끕니다. AI 기반 자산관리 플랫폼인 애스크포터AskPorter의 톰 슈라이브Tom Shrive는 최근 인터뷰 때 놀랍게도 '-erm', '-cats'

비유를 사용해 머신러닝이 무엇인지를 훌륭하게 설명했습니다. 그는 고양이가 처음 쓰레기 쟁반 사용법을 배울 때를 언급했습니다. 이는 보상학습으로, 고양이가 쓰레기 쟁반에서 볼일을 보면 당신은 간식을 줍니다. 이는 본질적으로 머신러닝도 마찬가지여서 기계가 원하는 것을 할 때 당신은 그것에 대해 '보상'하게 됩니다. 그리고 기계 기반의 자연선택natural selection 버전 같은 유전적 알고리즘이 있습니다. 고양이 이야기로 비유해보겠습니다. 두 마리의 고양이가 경쟁을 통해 더 잘 행동하는 고양이가 다음 라운드로 가게 되는 원리입니다. 마지막으로 지난 10여 년 사이 가능해진 심오한 학습이 있습니다. 톰은 고양이의 계층적 종족 특징에 비유해 그들이 밖에서 정보를 수집하고 발견한 것을 다음 단계로 보고할 때 바로 헤드캣Head cat, 최고 책임자에게 할 것인지, 아니면 탑캣Top cat, 중간 관리자에게 해야 하는지를 정합니다. 방대한 데이터 포인트의 다단계 수집은 각 레벨에 대한 통찰력을 더합니다. 애스크포터의 챗봇 포터는 부동산 관리에 관한 방대한 데이터 세트를 참조해 사람과의 대화에서 어떤 일이 벌어지고 있는지 파악하고 적절한 도움을 주는 방식으로 대응합니다. 챗봇과 애스크포터에 대한 자세한 내용은 이 장의 뒷부분에서 확인할 수 있습니다.

방대한 양의 데이터를 분석하는 것은 과거에는 없던 통찰력을 줍니다. '딥 페이션트Deep Patient'라는 연구 프로그램은 미국의 한 병원에서 환자 70만 명의 전자 의료 기록을 연구했습니다. 이 연구는 암, 당뇨병, 정신 질환을 포함한 다양한 질병의 새로운 위험 패턴을 확인하면서 의사들이 발견할 수 없었던 연관성을 발견했습니다. 이는 인류에게 이로울 수 있는 딥러닝의 좋은 사례지만 그만큼 강력한 AI 이슈 역시 부각됐습니다. 딥 페이션트는 의사가 치료하기 힘들기로 유명한 정신분열증이 예상되는 환자들을 찾는 데 놀라울 만큼 능숙한 것으로 나타났습니다. 그러나 이 프로젝트를 연구한 과학자들은 딥 페이션트가 어떻게 특정 환자들과 그들의 정신분열증 발병 가능성에 관한 결론에 도달했는지를 알지 못합니다. 만약 의사가 AI의 예측에 의거해 환자의 약을 바꿀 예정이었다면 '컴퓨터가 그렇게 말한다!'는 것 말고는 이유를 댈 수 없어 난감해집니다. AI가 왜 결정을 내렸는지 모른다면 그 다음에 그것이 무엇을 할지도 알 수 없습니다. AI가 그것을 만든 인간보다 지능이 높아진다면, 이는 AI에 대한 두려움과 불신의 이유가 됩니다. 하지만 인간 지능보다 뛰어난 AI의 창조는 아직 실현되지 않았고 현 시점에서 수십 년은 남은 먼 일처럼 보입니다. 과학자들이 잠재적으로 유해한 AI 결정을 통제할 수 있는 안전장치를 만들 충분한 시간을 갖기를 바랍니다. 어… 행운을 빈다고요?! 현재로선 AI는 여전히 매우 기초적이고, 오로지 대규모 데이터셋에서 정보를 얻고 학습하는 데만 사용되며, 인류는 앞으로 대대로 이 기술의 많은 이점을 얻을 것입니다. 터미네이터는 곧바로 오지 않습니다!

이론적인 관점에서 벗어나 오늘날 상업용 AI 개발의 주요 초점은 진정한 맞춤형 추천을 통해 더 나은 고객 경험을 창출하는 것입니다. 당신에게 익숙한 네 가지 AI를 보시죠.

자동화된 추론 : 예를 들어 우버(Uber)가 운전자에게 시간대 및 교통 상황에 따라 가장 빠른 경로를 제공합니다.

구매 예측 : 예를 들어 아마존은 내부 알고리즘 상 당신의 치약이 떨어진 것으로 생각될 때, 당신에게 치약이 더 필요한지 물어봅니다

추천 서비스 : 예를 들어 넷플릭스 프로그램을 선택할 때 이용자의 75%가 AI 엔진의 추천을 받습니다.

학습된 행동 패턴 : 예를 들어 웹사이트 챗봇은 당신이 입력한 내용에 따라 당신이 다음에 필요한 또는 필요할 것을 예상합니다.

방금 챗봇을 언급했는데 지금은 부동산을 중심으로 조금 더 얘기할 수 있는 좋은 시절입니다. 비록 챗봇은 1966년 엘리자＊를 시작으로 1960년대부터 존재했지만 왓츠앱과 페이스북 메신저와 같은 메시징 앱의 출현을 통해 챗봇 개발이 폭발적으로 증가했습니다. "봇bots은 새로운 앱이다."[9] 마이크로소프트의 CEO인 사티아 나델라가 2016년 선언했고 확실히 챗봇은 증가하고 있습니다. 페이스북 메신저에는 이미 3만 개 이상의 챗봇이 있습니다. 많은 사람은 시리Siri, 알렉사Alexa, 코르타나＊＊ 같은 가상 비서가 있는 스마트폰을 가지고 있습니다. 이들은 모두 문자 기반의 챗봇과 동일한 자연스러운 언어 처리 기술을 사용합

＊ (역자 주) Eliza; 초기 자연 언어 처리 프로그램으로, MIT 인공지능 연구소의 조지프 와이젠바움Joseph Weisenbaum이 개발

니다. 차이점은 챗봇이 메신저앱과 웹사이트 채팅박스에서의 문자 대화를 통해 고객 서비스 질의에 답변한다는 점입니다. 이 기술의 주요 장점은 공통적이고 간단한 질문에 대한 답변과 필터링이 필요한 고객에게 연중무휴로 24시간 서비스를 제공하므로 인간은 더 복잡한 질문에 대한 답변만 하면 된다는 겁니다.

일반 사례

런던 : 페이스북 기반의 트레블봇Travelbot[10]은 시간표, 지도 및 서비스 상태에 대한 질문에 답합니다.
예: "38번 버스가 언제 오는가?"

두낫페이DoNotPay : 영국 대학생이 주차권리를 다루기 위해 시작한 무료 법률 양식 봇은 현재 다양한 시나리오에 대해 수천 개의 법률 문서 양식을 제공하고 있습니다![11]

도미노 피자는 FB 메신저에 있는 피자 배달 챗봇인 돔Dom을 가지고 있습니다.[12]

그러나 챗봇 개발자들에게는 쉬운 일이 아니었습니다. 마이크로소프트는 2017년에 새로운 챗봇 조Zo를 출시했습니다. 이는 2016년 마이크로소프트가 개발한 또다른 챗봇인 테이Tay가 24시간 내에 독자적으로 행동하며 불경스러운 말과 인종 차별적 학대를 퍼붓기 시작한 이

---

* (역자 주) Cortana, Microsoft가 개발한 지능형 음성비서

후 나온 것입니다![13] 애스크포터의 톰 슈라이브Tom Shrive는 자신의 회사가 그들의 챗봇 포터에게 이런 일이 발생하지 않도록 뚜렷한 '인성'을 부여하거나 규칙이나 기준을 코딩함으로써 조치를 취했다고 말했습니다.

부동산을 위한 챗봇

앞서 이 장에서 언급했듯이, 빅데이터와 AI는 최종 사용자가 부동산 중개업자와 접촉하는 시점을 늦추고 있습니다. 챗봇도 여기에 한 몫 합니다. 로보발Roboval은 부동산 중개인을 위해 특별히 고안된 챗봇을 제공하는 영국 업체입니다. 봇은 웹사이트 및 페이스북, 페이스북 메신저를 통해 중개인에게 무료 즉석평가 기회와 우위를 점할 기회를 제공합니다.[14]

챗봇이 도움이 되는 다른 영역은 부동산 검색과 임장 예약입니다. 챗봇은 부동산 조사 단계에서 부동산 중개인의 압박을 없애줍니다. 우리는 이 장의 초반에서 기존 방식의 중개인들에 대한 위협에 대해 이야기했지만, 챗봇은 이들이 생산성을 높이고 인건비를 절감하는 데 큰 도움이 될 수 있습니다. 그러면 그들은 가장 수익성이 높은 활동(전통적인 부동산 중개업자의 이윤이 줄어드는 시대에 매우 바람직한)에 자유롭게 집중할 수 있을 것이고, 동시에 매물 제공 서비스를 제공하는 것 이상의 진정한 맞춤형 추천을 할 수 있을 것입니다.[15]

여러분은 이 장의 앞부분에서 애스크포터의 톰 슈라이브, 그리고 그의 고양이들을 기억할 것입니다. 저는 팟캐스트를 위해 톰을 인터뷰 했고 AI에 대한 그의 견해와 그의 회사가 '인공지능, 옴니 커뮤니케이션 채널, 부동산 관리 플랫폼'을 만들기 위해 어떻게 기술을 사용하는 지 듣고 매료되었습니다. 아마도 말하는 것보다 읽는 것이 더 쉽겠죠. 그럼, 그게 어떤 의미일까요? 톰과 그의 동료들은 이메일, SMS 등과 같은 여러 채널을 통해 부동산 관리를 더욱 쉽고 효율적으로 할 수 있 는 툴을 만들었습니다. 애스크포터는 재산관리 업무의 약 80%를 자동 화해 반복적인 업무를 없앰으로써 더 나은 고객 서비스를 제공하기 위 한 시간을 확보합니다. 그래서 임대 기간이 만료될 때쯤 포터는 임차 인이 선호하는 매체로 임차인에게 메시지를 보낼 것이고, 재계약 의향 이 있는지 물어볼 것입니다. 그런 다음 포터는 세입자가 떠날 계획인 경우 포털에 그 부동산을 등록하고 임장^{***}을 접수할 것입니다. 세입자 가 머물려고 한다면 포터는 갱신 절차를 시작할 것입니다. 애스크포터 는 중개인이든, 집주인이든, 부동산 관리인이든 누구든 부동산을 관리 하는 사람의 생산성을 높일 뿐만 아니라 세입자에게 시간과 장소에 구 애받지 않는 서비스가 얼마나 편리한지 보여줍니다. 유지보수와 관련 해서는 영하의 온도에서 보일러가 고장 나는 등 비상 상황이 발생할 경 우, 세입자에게 불편을 초래하지 않고 응급 상황에 대처할 수 있는 빌 딩 내 처리 프로세스를 둡니다. 톰은 애스크포터 같은 AI 기반의 툴이 부동산 관리자의 역할을 컨시어지 concierge 스타일의 서비스로 바꿀 것 이라고 생각합니다. 세입자들은 더 나은 고객경험을 얻을 것이고, 부동

* (역자 주) 새로운 세입자의 매물 현장 조사

산 소유자들은 더 낮은 부동산 관리 비용으로 함께 이익을 얻겠지요.

부동산 투자에 관한 한 저는 핵심 결과에만 초점을 둡니다. 만약 당신의 부동산 투자가 수익이 나지 않는다면 아무런 의미가 없습니다. 저는 AI와 챗봇이 어떻게 우리가 포트폴리오를 확인하고 자금을 관리하는 데 도움을 줄 수 있을지 관심이 많습니다. 챗봇들은 향후 몇 년 안에 금융 자문 분야에 혁명을 일으킬 것으로 보입니다. 하루 단위로 경비를 추적하고 불필요한 지출을 막을 수 있게 해주는 게 봇이라는 건 너무나 편리한 해결책입니다! 자동차나 부동산의 구입에 대해 조언을 해주는, 개인의 금융 조언자 역할을 하는 봇도 매우 유용할 것입니다. 이러한 애플리케이션은 나중에 핀테크 챕터에서 자세히 다루도록 하겠습니다. 앞서 챕터에서는 이미 스마트홈 기술을 다루었지만 사물인터넷도 AI, 빅데이터와 밀접하게 연계돼 있다는 점을 다시 한번 강조할 가치가 있습니다. 예를 들어 몇 년 안에 우유 부족 시 냉장고로 결제하고, 또 연료를 가득 채울 때 자동차로 결제를 할 수 있을 것입니다. 이와 같은 발달은 우리의 자금을 감시하는 것을 더 쉽게 만들고, 또 우리 삶을 편리하게 만들 것입니다.

부동산 투자자는 업무 과정에서 법률 서비스를 이용할 수밖에 없습니다. 저는 이미 빅데이터로 인해 부동산 거래절차가 어떻게 혁신되고 있는지에 대해 이야기했습니다. 하지만 이 분야를 더 깊이 파고들면 리갈테크Legaltech 역시 계약서를 더 쉽게 분류할 수 있게 해줍니다. 계약서는 종종 스캔되는데, 이후 저장되어 쌓이면 '숨겨진' 문서를 찾거나 수정하는 데는 시간이 걸립니다. 리갈테크는 문서를 읽고 추출하고 분석하기 위해 AI를 활용하는데, 이는 임대차 관리에 일대 혁명을 일으킬 것입니다. AI는 누락된 조항을 찾아내어 리스 데이터를 재무보고서로 도출할 수 있는데, 이를 통해 정확성을 높이고 시간을 절약할 수 있습니다.[16] 부동산 거래와 관련 가능성이 큰 또 다른 분야는 블록체인을 기반으로 한 스마트 계약입니다. 이 새로운 형태의 계약은 투명성을 높이고, 흥미롭게도 부동산 거래에 대한 신뢰도를 높일 수 있습니다. 핀테크 챕터에서 자세히 설명하겠지만 이 주제에 대한 연구를 통해 제가 얻을 수 있는 가장 큰 이점 중의 하나는 블록체인이 부동산에 제공하는 잠재력이라고 지금 얘기할 수 있습니다. 그러면 이제 여러분을 궁금하게 놔둔 채로 다음 단계로 넘어가겠습니다.

부동산 투자자를 위한 시스템, 툴, 앱

지주나 투자자를 돕는, 또 그 프로세스를 합리화하고 시간과 비용을 절약할 수 있게 해주는 수많은 시스템, 툴, 앱이 있습니다. 저는 여기서 제가 써본 최고의 몇 가지와 더 프로퍼티 보이스 커뮤니티가 추천한 것들을 소개합니다. 그러나 이 장의 시작 부분에서 언급한 바와 같이 정기적으로 업데이트될 수많은 유용한 시스템, 툴, 앱을 상세히 기술한 문서 페이지들이 있으니 거기서 자료를 얻으세요(책 마지막 부분의 보너스 섹션 참조).

부동산 관리 앱 부동산 관리 앱 PROPERTY MANAGEMENT APPS

설명	링크
APPSARTHUR ONLINE	https://www.arthuronline.co.uk/
ASK PORTER	https://askporter.com/
TOKEET	https://www.tokeet.com/en/

자산 실사 - 지도 DUE DILIGENCE - MAPPING

설명	링크
NIMBUS MAPS	https://nimbusmaps.co.uk/
GOOGLE MAPS, EARTH & STREET VIEW	-

일반 부동산 조사 툴 GENERAL PROPERTY RESEARCH TOOLS

설명	링크
PLANNING PORTAL	https://www.planningportal.co.uk/
PROPERTY WIZZA	https://www.propertywizza.com/
PROPERTY BEE(현재 미지원)	https://www.property-bee.com/
PROPERTY TRACKER	https://www.propertytracker.com/
HOME	https://home.co.uk/
VALUATION OFFICE LHA DIRECT	https://lha-direct.voa.gov.uk/

부동산 리스트 PROPERTY LISTINGS

설명	링크
RIGHTMOVE	https://www.rightmove.co.uk/
ZOOPLA	https://www.zoopla.co.uk/
SPAREROOM	https://www.spareroom.co.uk/

공간 재생, 개조 & 회수 REFURBISHMENT, RENOVATION & REPOSSESSION

설명	링크
RENOVATE ALERTS	https://www.renovatealerts.com/

경매 목록 AUCTION LISTINGS

설명	링크
LISTINGSESSENTIAL INFORMA-TION GROUP(EI Group)	https://www.eigpropertyauctions.co.uk/

부동산 평가 & 정보 PROPERTY VALUATIONS & INFO

설명	링크
LAND REGISTRY	https://www.gov.uk/government/organisations/land-registry
HOMETRACK	https://www.hometrack.com/uk
MOUSEPRICE	https://www.mouseprice.com/

부동산 시장 해설 PROPERTY MARKET COMMENTARY

설명	링크
KNIGHT FRANK	https://www.knightfrank.com/research
SAVILLS	https://www.savills.com/research/
THE PROPERTY VOICE'S ROLL-INGNEWS FEED	https://www.scoop.it/t/residential-property-investment

CRM

설명	링크
LESS ANNOYING CRM	https://www.lessannoyingcrm.com/

회계 & 부기 ACCOUNTS & BOOKKEEPING

설명	링크
XERO	https://www.xero.com/
QUICKBOOKS	https://quickbooks.intuit.com/uk/
FREEAGENT	https://www.freeagent.com/

기래 & 업무 비용 TRADES & WORKS COSTING

설명	링크
CHECK A TRADE	https://www.checkatrade.com/
RATED PEOPLE	https://www.ratedpeople.com/
HOME AND BUILDING RENOVA-TION	https://www.homebuilding.co.uk/extension-cost-calculator/

온라인 전용 부동산 중개 ONLINE ONLY LETTING AGENTS

설명	링크
UPAD	https://www.upad.co.uk/
THE ONLINE LETTING AGENTS	https://www.theonlinelettingagents.co.uk/
HOMERENTER	https://www.homerenter.co.uk/

부동산 중개 ESTATE AGENTS

설명	링크
ESTATE AGENT COMPARISON SERVICE, HOME OWNERS ALLIANCE	https://ea4me.hoa.org.uk/

부동산 조망 PROPERTY VIEWINGS

설명	링크
VIEWBER	https://www.viewber.co.uk/

팀 과제 및 프로젝트 협업 TEAM TASK & PROJECT COLLABORATION

설명	링크
BASECAMP	https://basecamp.com/
PRODUCTEEV	https://www.producteev.com/
TRELLO	https://trello.com/

문서용 클라우드 기반 앱 CLOUD-BASED APPS FOR DOCUMENTS

설명	링크
FREEWARE DESKTOP PRODUC-TIVITY APPS	https://www.viewber.co.uk/

프로세스 / 시스템 문서화 PROCESS/SYSTEMS DOCUMENTING

설명	링크
PROCESS STREET	https://www.process.st/

무료 지주용 계산기 FREE LANDLORD CALCULATORS

설명	링크
THE MODEL WORKS BTL PROFIT CALCULATOR	https://www.themodelworks.com/website/
THE PROPERTY VOICE STAND-ARD CALCULATOR	저자의 첫 저서 Property Investor Toolkit 참고

신용 참조 기관 CREDIT REFERENCE AGENCIES

설명	링크
CHECK MY FILE	https://www.checkmyfile.com/
NATIONAL HUNTER "THE SECRET AGENCY"	https://www.nhunter.co.uk/
NOODLE	https://www.noddle.co.uk/

임차인 예금 대체 TENANT DEPOSIT ALTERNATIVE

설명	링크
Reposit	https://www.reposit.co.uk/

대화 앱 COMMUNICATION APPS

설명	링크
WHATSAPP	-
SKYPE	https://www.skype.com/

은행 및 금융 BANKING & FINANCE

설명	링크
REVOLUT	https://www.revolut.com/
TRANSFERWISE	https://transferwise.com/
CURVE	https://www.imaginecurve.com/
GO CARDLESS	https://gocardless.com/
STRIPE	https://stripe.com/

파일 저장 및 검색 FILE STORAGE AND RETRIEVAL

설명	링크
DROPBOX, ONEDRIVE & GOOGLE DRIVE	-

메모 NOTE TAKING

설명	링크
EVERNOTE	https://www.evernote.com/

아웃소싱 업무 OUTSOURCING WORK

설명	링크
PEOPLE PER HOUR	https://www.peopleperhour.com/
FIVERR	https://www.fiverr.com/

이벤트 목록 EVENT LISTINGS

설명	링크
EVENTBRITE	https://www.eventbrite.co.uk/
MEETUP	https://www.meetup.com/

* 참고: 앱, 툴 및 서비스 공급자는 생겼다 없어지곤 하기 때문에 이 목록을 읽으실 때쯤에는 이 목록이 오래된 것이 될 수 있습니다… 죄송합니다! 그러나 업데이트를 위해 책의 보너스 부록을 참조하면 됩니다.

결론

여기서 강조한 바와 같이 AI는 전혀 두려워할 것이 없습니다 - 그렇습니다. 받아들일 변화가 있을 것이고, 일부 사람들의 직업 또한 AI가 발달하고 규모가 커짐에 따라 바뀌거나 심지어 사라질 것입니다. 그러나 산업혁명과 정보혁명을 포함한 과거 많은 기술적 발달과 마찬가지로 우리 인간을 위한 새로운 역할들 또한 만들어질 것입니다. 잉여인력이 되지 않도록 기술을 다시 배우고reskill, 기술력을 높이고upskill, 재교육을 받고retrain, 다시 집중할 것refocus을 생각하세요. 가까운 미래에 인공지능을 가장 잘 활용하는 것은 AI가 필연적으로 인간을 대체하기보다는 인간을 만족시키는 방향인 것으로 보입니다. 예를 들어 애스크 포터의 톰 슈리브가 제안했듯이 부동산 매니저는 자기개발을 하여 미래에 적합한 부동산 관리인이 될 수 있으며, 우리의 고객인 거주자들에게 향상된 가치와 부가 서비스를 제공할 수 있고, AI는 사소한 것nitty gritty만을 다루게 할 수 있습니다.

부동산은 기술적 관점에서 저투자된 시장입니다 - 이는 저의 많은 프롭테크 팟캐스트 고객들 사이에서 반복되는 주제였습니다. 느리게 움직이고 변화에 저항하며 기술을 두려워하는 것 - 이것은 업계에서 가장 두드러진 모습은 아닙니다! 하지만 우리가 좋든 싫든 로봇들도 오고 있습니다! 아니 진지하게, 이번에는 순수한 프로세스 자동화와 그에 따른 비용 절감 외에 고객경험의 개선도 기대할 수 있을 것입니다. 그건 대부분의 공공사업들에서 항상 활용하는 몇몇 끔찍한 자동 전화 응답 서비스에 비하면 훨씬 좋게 들립니다.

AI, 챗봇, 고객과의 커뮤니케이션이 당신에게 편리한 시간과 장소로 다가오고 있습니다… 곧 말입니다. 저는 어떤 채널을 강요당하기보다는 어떻게 소통하고 누구와 소통하고 싶은지를 선택한다는 생각이 마음에 듭니다. 얼마 전 지구 반대편에 있는 제 부동산에 왜 오랫동안 공실이 생기는지 알아보려고 노력했지만 부동산 관리인은 그저 "무슨 일이 일어나고 있는지 알고 싶으면 직접 전화하세요"라고 말했을 뿐입니다. 하지만 우리는 다른 나라, 다른 시간대에 있고 저는 오히려 이메일을 보내는 것을 선호합니다. 게다가 제가 그들을 쫓아다니기보다는 그들이 문제가 생겼을 때 전화하도록 해야 하지 않을까요? 저는 포터 같은 사람이 그런 종류의 골칫거리를 없애 주기를 기다립니다. 아니면 적어도 저를 위해 문제를 해결해 주길 바랍니다.

AI 사용의 가장 좋은 형태는 '딥러닝'입니다. 적어도 제가 앞서 언급한 고양이 비유에서는 말입니다! 솔직히 머신러닝에 대한 설명과 알고리즘 학습, 유전학습, 딥러닝의 분류에 대한 설명이 마음을 사로잡았습니다. 결론은 데이터화할 수 있는 참조 포인트와 정확도가 계속 향상되고 있다는 겁니다. 즉 문제 해결 속도가 빨라지고, 선택할 데이터 세트가 적어지며, 근무 중에 기계로 학습할 수 있는 기능이 향상됩니다. 이 모든 것이 자동화 기능의 확대, 결국에는 비용 절감으로 이어지게 됩니다. 그리고 저는 이 힘든 시기에 더 적은 비용이라는 발상이 정말 마음에 듭니다!

빅데이터, AI, 챗봇, 그리고 이들이 지원하는 시스템, 툴, 앱은 생산성을 높이고 비용을 절감하는 동시에 서비스도 개선할 것입니다. 기계들이 우리의 언어를 사용하고, 우리에게 가장 적합한 시기와 방법에 대해 의사소통하고, 문제를 해결하기 위한 올바른 정보를 제공할 것입니다. 인간과 기계가 이런 식으로 조화롭게 협력할 수 있다는 전망은 마치 꿈이 실현되는 것처럼 들립니다. 그게 현실이 되기를 바랍시다!

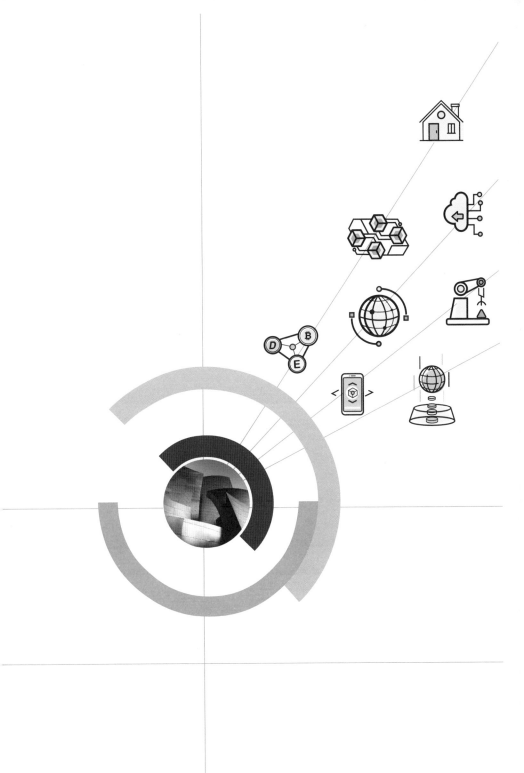

시청각 기술의 진보

제 4장

시청각 기술의 진보

신축 혹은 기존 주택 마케팅을 위한 부동산 중개업체의 브로슈어부터 시작해서 먼 길을 왔습니다. 증강현실 및 가상현실에 대해서는 들어보셨을 테죠. 또 최근 많은 언론에서 드론과 그 용도에 대한 보도를 했습니다.

이러한 기술을 부동산 분야에서 어떻게 활용할 수 있을까요? 부동산 투자자와는 어떤 관련이 있을까요? 이 장에서는 이러한 질문을 다룰 겁니다.

부동산 마케팅 기술 업체인 아이크리에이트의 던 라일이 더 프로퍼티 보이스 팟캐스트 인터뷰에서 설명했듯이 부동산 구매는 여러 면에서 감성적인 경험입니다. 던은 가상현실 헤드셋을 사용하여 시리아 난민 캠프를 '방문'하고 그 세계에 완전히 몰입했던 예를 들었습니다. 실제로 가지는 않았지만, 지금도 그는 난민 캠프에 갔던 경험을 기억합니다. 신기술은 부동산 투자자가 처음부터 훨씬 더 실물을 보는 것처럼 부동산을 '볼' 수 있게 해주고, 매입을 고려하는 부동산을 더 정확히 이해하게 도와줄 수 있습니다. 투자 목적으로 부동산을 매입하더라도 검토 단계부터 예비 임차인이 이 부동산을 어떻게 볼지 더 잘 이해하는 것이 중요합니다. 원정 투자자에게 신기술은 실제로 가보지 않고 살지도 모를 부동산을 볼 때 상상할 수 없는 수준의 현실감을 줍니다.

컴퓨터 생성 이미지, 증강현실 및 가상현실

던 라일이 팟캐스트 인터뷰에서 말한 것처럼 증강현실과 가상현실 기술은 모두 3D 시각화 분야에서 나왔습니다. 던은 2D 건축 CAD 도면이 있으면 3D 비주얼라이저가 3D 소프트웨어를 사용해서 아주 정교하고 확장할 수 있는 모델을 만들어낼 수 있다고 설명합니다. 그런 다음 벽돌 텍스처와 외부 조경 같은 표면 재료를 모델에 추가합니다. 그리고나서 브로슈어와 광고판에서 볼 수 있는 것처럼 신축할 건물의 정적 이미지인 컴퓨터 생성 이미지CGI를 만들 수 있습니다.

3D소프트웨어 모델로 카메라를 배치해서 정적 이미지를 움직이면 건물의 3D 항공뷰Fly thru 실내뷰Walk thru를 만들 수 있습니다. 내부와 외부가 모두 가능하기 때문에 거리 풍경을 둘러보고 나서 건물을 더 자세히 보기 위해 안에 들어가 볼 수도 있습니다. 던은 3D 시각화의 주요 이점이 '건축을 계획하고 있는 건물에 대해 확신을 주는 것'이라고 생각했습니다. 과거에는 신축 개발안이 화가의 인상에 의존했겠지요. 오늘날엔 개발 프로젝트의 계획과 정확하고 사실적인 모델을 만들어서 프로젝트가 실제로 어떻게 보이고 어떻게 주변 환경과 상호 작용할지를 기획자나 건축가, 건설사, 시행사, 매수자가 훨씬 더 잘 알 수 있게 해줍니다.

던이 말하는 CGI가 주택 보유자와 부동산 투자자에게 꼭 필요한 때는 증축을 계획하는 경우입니다. 기존 건물의 사진과 CGI를 활용해 제안할 증축안의 3D 예상도를 만들면, 담당 공무원이 승인 전후를 정확하게 볼 수 있습니다. 즉 승인 신청 사항에 대해 훨씬 더 잘 감을 잡을 수 있습니다.

증강현실이란?

증강현실 즉, AR은 현실 세계에 디지털 콘텐츠를 덧씌운 것이지만 그 콘텐츠는 현실 세계에 기반을 두고 있지 않습니다. 현실 세계의 콘텐츠와 컴퓨터가 만든 콘텐츠는 서로 반응하지 않습니다. 예를 들어 이케아는 테이블 위에 놓인 재료를 보고 레시피를 제안해 주는 테이블을 콘셉트 주방의 일부로 개발했습니다. 이는 어쩌면 현실 세계에서 AR이 쓰이는 좋은 예이지요. 구글 글래스는 소비자에게 증강 현실을 제공하기 위한 구글의 첫 번째 시도이며 앞으로 더 많은 것을 보여줄 것으로 기대합니다. AR은 실제 응용 프로그램에서 가상현실VR보다 약간 뒤처져 있는데 AR을 VR의 하위 범주로 보기도 합니다. 포켓몬고 같은 유명한 AR 게임이 주위에 있죠! 아이가 있다면 몇 년 전 이 게임이 폭발적으로 등장하던 때를 기억할 것입니다. 이 게임은 스마트폰이나 태블릿의 카메라로 실제 풍경을 보면서 잡을 수 있도록 포켓몬을 덧씌웠습니다.

애플은 2017년 6월 아이폰과 아이패드용 iOS11 운영체제에 AR 기능을 추가했는데 AR 앱 접속자가 수백만 명 늘었습니다. 이케아 플레이스IKEA Place와 허즈Houzz(둘 다 앱스토어에서 무료 제공)를 사용하면 가구와 액세서리를 구매하기 전에 집에 '배치'하여 어떤 모습일지 확인할 수 있습니다. 또 둘럭스Dulux는 최근에 "페인트 칠하기 전에 그

려볼 수 있는" 무료 AR 앱을 출시했습니다. 부동산 마케팅과 관련하여 부동산 광고지 위에 스마트폰이나 아이패드를 비추면 추가 정보에 대한 옵션을 보거나 전화를 요청하거나 해당 부동산에 대한 이메일을 보낼 수 있습니다. 이것은 AR로 할 수 있는 가장 기본적인 기능입니다. 신축 중인 부지나 또는 개발 예정 부지를 기기로 비추고 특정 건물을 클릭해서 안에 들어가 보고 주변을 둘러보는 등 개발안 전체를 3D로 '볼' 수 있습니다. 그러나 AR이 부동산 애플리케이션에 대한 많은 가능성을 보여주었는데도 VR이 훨씬 더 앞섰고 부동산 세계에서 주류가 되었습니다. VR이 무엇이며 무엇을 제공하는지 자세히 살펴보겠습니다.

가상현실이란?

헤드셋이나 스마트폰, 태블릿으로 그래픽을 현실에 덧입히는 AR과 달리 VR은 완전히 컴퓨터로 시뮬레이션한 몰입 현실로서 주로 헤드셋을 사용하여 액세스합니다. VR 헤드셋을 착용하면 더 이상 자신이 앉아 있는 현실 세계를 보지 못하고 가상 세계로 이동합니다. 화면으로 보는 것과 VR 헤드셋을 통해 보는 것의 가장 큰 차이는 머리를 좌우로 또는 위아래로 움직일 때 실제로 있는 것처럼 느껴진다는 것입니다. 구동 방식은 VR 헤드셋에 구형 이미지가 뜨고 당신은 그 이미지 가운데에 놓이는 거죠. 던은 이를 "공의 한가운데에 서 있는 당신을 가상 세계의 그래픽이 둘러싸고 있는 것"이라고 설명했습니다. 그래픽은 순수한 컴퓨터 시뮬레이션일 수도 있고 이미 존재하는 장소의 사진적 요소를 포함할 수도 있습니다. 던은 VR과 부동산 분야는 천생연분이라고 생각하던데 저도 동의합니다.

VR은 나온 지 이미 수십 년이 됐습니다. "컴퓨터 그래픽의 아버지"로 알려진 미국 컴퓨터 과학자 이반 서덜랜드Ivan Sutherland1가 1968년 몰입 시뮬레이션에 쓰려고 머리에 쓰는 최초의 헤드 마운트 디스플레이를 만들었는데 너무 무거워서 사람이 사용할 수 있게 하려면 천장에 묶어야 했죠. 훨씬 더 작고 가벼워지긴 했어도 최신 VR 헤드셋은 최근 들어서야 더 쉽게 접근할 수 있고 저렴해졌습니다. 주로 스마트폰 기술의 발달 덕분인데 저가형 VR 헤드셋에 스마트폰을 사용해서 '스크린' 요소를 넣을 수 있게 되었기 때문입니다. 이제는 구글에서 무료로 다운로드할 수 있는 구글 카드보드라는 마분지 헤드셋 서식도 있습니다. 서식을 다운로드하거나 저렴하게 판매하는 서식을 사서 조립한 다음 스마트폰을 앞에 꽂고 움직이세요! 더 비싼 고급형 키트에 투자할지 말지 생각할 수 있도록 디자인한 무료 기본 VR 헤드셋입니다. 롤러코스터부터 다이빙, 외줄타기 시뮬레이터, 호러게임까지 구글 카드보드에 사용할 수 있는 수백 가지 앱이 있습니다. 가장 흥미로웠던 앱 중의 하나는 현실 세계 VR 콘텐츠의 방대한 라이브러리인 매터포트Matterport VR 앱이었는데요. 한 번도 가 본 적 없는 도시의 상징적인 건물을 방문하거나 유명 인사들의 집을 걸을 수 있고 1967년에 나온 최초의 보잉 737기에 타 볼 수도 있습니다! 이 회사는 앱 설명에서 부동산 중개인, 여행 업계, 뉴스 및 엔터테인먼트 콘텐츠 제작을 위해 전 세계에서 VR 공간이 사용된다고 말하고 있습니다.

모든 비즈니스에서 스토리텔링과 경험이 더욱 중요해지면서 VR이 더욱 널리 채택될 것으로 기대합니다. 자동차 시운전과 부동산 구경하기는 이 기술을 효과적으로 사용하는 두 가지 좋은 예입니다. 부동산 투자자를 위한 VR의 비즈니스 이점이 많습니다. 부동산 디벨로퍼가 모델하우스를 짓는 데에 더 이상 8만 파운드나 쓸 필요가 없다고 생각해 보세요. VR로 실제와 같이 묘사할 수 있기 때문에 더 이상 모델하우스가 필요 없습니다. 시대를 앞서가는 개념처럼 보일지 모르지만 이미 몇몇 디벨로퍼가 VR 덕에 실물 모델하우스 건축을 중단했다고 들었습니다. 아직까지 미디어에서 화제가 되지는 않았지만요! 2016년 런던의 디벨로퍼인 히긴스 홈즈Higgins Homes는 스토크 뉴잉턴Stoke Newington에서 최고급 주택인 클리솔드 쿼터Clissold Quarter를 개발하던 도중 건축이 예상치 못하게 지연되자 VR 모델하우스 아파트를 만들었습니다. 이 기술은 잠재 구매자들에게 큰 인기를 얻었으며 회사는 향후에도 적합한 개발 건에 VR을 기꺼이 다시 활용할 생각입니다.

노팅엄에 본사를 둔 부동산 중개사인 월턴Walton과 앨런Allen은 자신들이(사진이 아닌) 동영상 VR을 고객에게 서비스하는, 영국 최초의 주거용 부동산 중개사라고 말합니다. 매물의 동영상 VR 모델하우스를 만들어주는 VR 서비스를 99파운드에 제공하고 있습니다. 경험상 판매사는 더 많은 트래픽을 얻고 부적합한 시청을 줄일 수 있고 중개사에게도 시간상 효율적입니다. 이 회사는 최근 노팅엄 도심의 아파트 몇 채를 VR 시청만으로 해외의 매수자에게 팔았습니다. 동영상 VR을 사용하기 때문에 나무가 흔들리고 밖에서 차가 지나가기도 하여 믿을 수 없을 정도로 사실적인 경험을 제공합니다. VR 시스템은 3D 평면도와 연결되어 있어서 시청자가 평면도에서 방을 클릭하면 그 방으로 갈 수 있습니다. 월턴과 앨런은 2016년부터 VR을 사용하였고 제 부동산 담당자가 이 서비스가 어떻게 되고 있는지 물어보려 전화해보니 판매사와 매수자에게 모두 매우 인기가 있다고 하더군요.

VR 기술은 구매자가 직접 봐야 할 부동산의 수를 줄여 줍니다. 이는 판매사가 고품질의 영상으로 더 빨리 부동산을 팔 수 있다는 뜻입니다. 더 많은 사람(특히 해외 투자자나 매수자)이 실생활에서 부동산을 전혀 보지 않고도 구매할 수 있습니다. VR을 사용하면 판매사, 매수자, 중개사 모두 시간을 절약할 수 있습니다. 또한 이 기술을 통해 중개사가 고객의 요구에 더욱 적절히 맞춤화된 더 나은 고객 서비스를 제공할 수 있다는 점에서 이 책의 공통 주제를 찾으셨을지도 모르겠네요. 바로 윈윈 시나리오죠!

신축 또는 개발 예정 부지에 있어 VR은 신의 선물입니다. 준공 후 분양은 디벨로퍼에게 결코 바람직하지 않습니다. 가능한 한 빨리 개발비를 회수해야 합니다. VR을 통해 잠재 매수자는 벽돌 한 장을 채 쌓기도 전에 훨씬 더 사실적으로 집을 볼 수 있습니다.[2] VR 기술이 주는 심리적·정서적 효과는 이러한 상황에서, 특히 매수자가 신축 주택을 구매하고자 할 때 진가를 발휘합니다.

VR 기술은 확실히 부동산 판매에 가장 유용하지만 의외로 임대에도 활용됩니다. 2017년 크립스대학교University Cribs의 학생 임대 검색 엔진에 VR이 등장하면서 학생과 중개사가 집을 보러 쓸데없이 발품을 팔지 않아도 되게 되었습니다. HMO에서는 일반적으로 중개사가 집을 각각 여러 번씩 보여줘야 합니다. 학생 때 임대 주택을 알아보느라 많이 걸었던 것이 기억납니다. 그게 몇 년 전이었는데도요! 강의와 과제, 아르바이트를 함께할 때는 시간 낭비를 줄이는 데 도움이 된다면 큰 이점이지요. VR로 보면 학생과 중개사의 시간이 절약되고 업무 효율성이 높아져 중개사가 임대인과 세입자에게 더 나은 서비스를 제공할 수 있습니다[3].

이 장의 앞부분에서 잠재 매수자에게 집에서 가구가 어떻게 보일지 보여주는 허즈와 이케아의 AR 앱을 언급했습니다. 하지만 여기에서 더 나아가 VR 쇼룸을 사용하여 고객이 꿈꾸는 부동산을 시각화해줄 수 있습니다. 이 기술은 가구 소매업에서도 사용할 수 있습니다. 고객은 VR 헤드셋을 사용하여 특정한 방에 둘 모든 가구를 고른 다음, 집에서 그 가구들이 어떻게 보이고 어디에 어울릴지 정확히 알 수 있습니다. 고객이 만족하면 고른 제품은 결제를 위해 가상 장바구니나 카트에 들어갑니다. 실제 모델하우스를 대체하는 VR에 대해 이야기했지만 이 기능을 다른 각도에서도 바라볼 수 있습니다. 신축 주택을 선택할 때 바닥재와 벽지부터 가전 제품 및 주방, 욕실 디자인에 이르기까지 여러 옵션이 있는 경우가 많습니다. 각각 선택한 것들이 실제로 어떻게 보일지 시각화하는 것은 정말 어렵습니다. 모델하우스를 지을 때 각각의 조합을 모두 보여주기 위해 모델하우스를 각기 만들 수는 없죠. VR을 통해 다양한 비품과 마감재가 갖추어지면 집이 어떻게 보일지, 정확하고 사실적인 묘사를 바탕으로 매수자가 새 집을 꾸밀 수 있습니다[4]. 실제로 집이 지어졌을 때나 새 가구가 디벨로퍼나 가구 소매 업체에 배달되었을 때 당황하는 일이 줄어들면서 고객 만족도가 더 높아질 겁니다. 영업사원이 고객과 다양한 옵션에 대해 얘기하느라 소비하는 시간을 줄여 효율이 높아질 것이라고 볼 수 있겠지요.

드론

드론, 또는 적절한 이름을 붙인다면 무인 항공기 UAV 는 요새 하늘에서 흔하게 보고 들을 수 있습니다. 지금은 카메라 기능이 있는 드론을 슈퍼마켓이나 아마존에서 50파운드도 안 되는 가격으로 살 수도 있습니다. 물론 이 가격대에서는 훌륭하지는 않지만요. 실감하지 못할지 몰라도 우리는 매일 드론으로 찍은 동영상을 점점 더 많이 보고 있습니다. 뉴스나 다큐멘터리, 드라마 등 TV에서 자주 사용되는 항공 촬영을 생각해보면 이는 드론의 등장으로 인한 직접적인 결과죠[5]. 예전에 고임금 승무원과 고비용 연료를 쓰는 헬리콥터를 사용했던 곳에서 드론은 항공 촬영을 저렴하고 다가가기 쉽게 해줍니다.

부동산 분야에서 드론의 용도는 세 가지입니다. 첫째 지붕, 배수관 등과 같은 자산 검사는 비용이 많이 들고 위험하며, 시간이 많이 소요되는 비계 설치 및 유인 검사가 필요합니다[6]. 둘째는 자산 조사 및 평가입니다. 측량기사는 잠재적으로 드론을 쓸 데가 많습니다. 대규모 농경지나 광활한 부동산을 조사하는 경우 드론은 빠르고 쉽게 환상적인 개관을 만들어 줄 수 있습니다. 마찬가지로 위치를 찾기 어려운 지역에선 조감도로 측량기사의 시간과 노력을 줄일 수 있습니다. 드론 조종사는 드론의 목적지에 대한 명확한 시야만 확보하면 되기 때문에 건강 및 안전상의 위험이 낮아지고 혼란이 줄어들 수 있습니다. 작은 크기, 향상된 기동성 및 낮은 전력 소비로 드론은 더 나은 이미지 품질을 제공하며 헬리콥터보다 훨씬 더 환경 친화적입니다[7]. 마지막으로 드론은 부동산 마케팅에서 흥미로운 역할을 합니다. 드론 영상을 사용하면 부동산이 경쟁에서 돋보일 수 있습니다. 갖고 있는 부동산이 멋진 곳에 있다면 항공 사진이 절벽 위의 집에 생명을 불어넣고, 놀라운 전망에 힘입어 더 잘 팔릴 수 있습니다. 드론 비디오는 위치나 경치, 토지에 대해 사진보다 훨씬 더 나은 관점을 제공합니다. 어떤 드론은 굉장히 작아서 동영상을 찍기 위해 날아서 현관문을 통과하는 것도 기술적으로 가능합니다![8]

그러나 드론은 항공기로 분류되므로 민간항공관리국CAA, 역자 주의 규제 관리 하에 있습니다. 사람이나 재산에 대한 잠재적 위험 초래 가능성과 혼잡한 지역(마을이나 도시)을 비행할 때에 관한 엄격한 규정이 있습니다. 뉴스에 보도된 것처럼 드론과 상업용 항공기 간의 이상 접근 사건이 여러 차례 있었던 만큼 드론은 쉽게 살 수 있긴 하지만 매우 주의해서 날려야 합니다.[9]

1장에서 다룬 얘기를 다시 하자면 드론도 건설 목적으로 관심을 받고 있습니다. 즉, 드론이 3D 프린트로 찍은 벽돌을 집어서 긴급 구조물에 놓는 등 작업자에게 안전하지 않은 지역에서 특히 유용합니다[10]. 드론은 또한 육상의 차량뿐 아니라 헬리콥터조차 접근하기 곤란한 곳의 건축 자재와 보급품 운반에 사용할 수 있습니다. 2015년 네팔의 끔찍한 지진을 예로 들자면 9000명이 목숨을 잃고 가옥 50만 채가 파괴됐는데 약 3년이 지난 후에도 열 채 중에서 겨우 한 채꼴로 재건됐습니다[11]. 다른 많은 요인 중에서도 네팔의 산악 지형은 지진으로 피해를 입은 집을 대체할 새 집을 짓기 어렵게 만드는 요인입니다. 미래에는 드론으로 3D 프린팅 장비와 로봇을 가져와서 자연 재해로 피해를 입은 사람들을 위한 새 집을 빨리 지을 수 있다는 장점을 상상해 보세요. 그러한 사건으로 인한 인간의 불행이 줄어들 뿐만 아니라 삶이 훨씬 더 빨리 정상으로 돌아갈 수 있겠죠. 사람들은 더 빨리 일터로 복귀할 수 있고 정부, 특히 빈곤국의 정부는 장기 임시 주택에 대한 지원 비용을 줄이는 등 확실히 더 많은 사람이 이 혜택을 누릴 수 있습니다.

결론

가상현실이 새롭지는 않지만 지금은 더 확고한 주류가 되었습니다. 약간 공상 과학 광고와 하이테크처럼 보일지는 모르지만 VR은 수십 년간 하나의 유형으로서 존재했습니다. 우리는 때로 기술이 얼마나 오래 우리와 공존했는지 잊을 수도 있고 이제는 정확히 '최첨단 기술'이 아니라는 것도 알게 될 겁니다. 사실 개발주기를 여러 번 거쳤고 이 주기를 반복할 때마다 개선되고 저렴해지고 있습니다!

가상현실에 관한 모든 것은 정신과 마음에 달려 있습니다. 던 라일이 팟캐스트 인터뷰에서 잘 묘사했듯이 VR은 우리가 이 비현실적인 세계에 몰두하고 있다고 믿도록 잠재의식을 속일 수 있습니다. 결과적으로 우리는 생각으로 기억해낼 수 있는 추억을 만들고 비현실적인 세계에 참여하고 상호 작용하는 데에 도움이 되는 강점도 갖게 됩니다. 사람은 사람인지라 감정과 생각을 연결하고 활용하는 것을 좋아하기 마련입니다. 그것은 우리가 누구이며 어떻게 만들어지는지의 일부입니다. 따라서 더 현실적인 기술일수록 성공할 가능성이 높아집니다. 던은 또 자사 기술 인력들이 스스로를 예술가로 칭하며 감정과 정서를 반영하기 위한 아이디어를 구현해가고 있다고 했습니다.

VR과 AR은 뭔가 계획하고 디자인하는 등의 광범위한 영역의 앱에

쓰이고 있는데, 예를 들자면 3D 이미지 제작 같은 것들입니다. 자산 검사나 건물 투어도 원격 몰입경험 등을 할 수 있어 이러한 기술과 잘 맞는 분야입니다. 마지막으로 마케팅과 영업에서 VR과 AR을 사용하면 더 적은 비용으로 더 많은 사람에게 다가갈 수 있습니다. 그런 다음 드론으로 부동산 유지 관리나 테스트를 보조하고, 높거나 먼 곳에도 더 쉽게 접근할 수 있습니다.

이러한 새로운 시청각적 발달이 주는 '깜짝 놀랄만한 요소'나 정서적 참여 외에도 실질적인 비즈니스 이점도 있습니다. 모델하우스를 짓지 않아도 되니 비용을 절감할 수 있고 또한 원격으로 집을 봄으로써 효율성을 높일 수 있습니다. 360도 또는 3D 효과로 부동산을 보여줌으로써 잠재 구매자를 구매 가능성이 더 큰 고객으로 만듭니다. 예를 들어 선분양 개발, 인가 신청 거부 건 감소, 구매 결정에 구매자의 감정 반영 등을 통해 디벨로퍼가 기술을 더 현명하게 활용하여 경쟁업체와 차별화함으로써 수익성을 높일 수 있습니다.

이 기술로 무엇을 할 수 있을까요? 다음과 같이 비용 측면에서 비교 우위를 갖고 할 수 있는 작업이 많습니다.

개별 브로슈어 및 3D 도면용 CGI

부동산 목록용 3D 항공뷰나 실내뷰

원격 건물 투어를 위한 가상현실 및 증강현실 세션

공간 활용 및 최적화를 위한 3D 평면도 및 인테리어 디자인 모델

건물 내의 접근이 곤란한 곳에 대해 더 안전하고 저렴한 비용으로 드론을 활용한 자산 검사

여기 체크해 두실 만한 인기 앱과 기술이 있습니다.

스케치업Sketch-Up(무료, Pro버전도 있음) - 광범위한 3D 모델 라이브러리가 포함된 뛰어난 3D 모델링 소프트웨어로 더욱 쉽게 사용할 수 있습니다.

룸 스케처 홈 디자이너Roomsketcher Home Designer(iPhone 앱) - 사용하기 쉬운 시각적 방식으로 방 또는 집 전체를 디자인할 수 있도록 도와줍니다.

구글 카드보드 헤드셋Google Cardboard Headset - 무료로 다운로드할 수 있는 서식으로 자신만의 VR 헤드셋을 만들거나 기성품 헤드셋을 저렴하게 구입할 수 있습니다.

알디&리들Aldi & Lidl에서 저렴한 VR 헤드셋 스페셜을 찾아보세요.

페이스북이나 유튜브에서 '가상현실 경험Virtual Reality Experiences'을 검색하세요.

애플 증강현실 키트 및 안드로이드Android의 AR코어AR Core Houzz 및 이케아 앱 - 가구와 액세서리를 구매하기 전에 집 안에 놓아보세요.

Walton & Allen의 유튜브 VR 채널

던 라일의 웹 사이트 아이크리에이트iCreate.co.uk에서 전문적인 VR 서비스가 실제로 작동하는지 확인해 보세요.

5장 영업, 마케팅

그 리 고

공 유 경 제

영업, 마케팅 그리고 공유경제

에어비앤비나 우버 같은 유명한 회사들이 일상생활의 주류가 되면서 지난 몇 년 동안 공유경제가 우리의 의식 속에 불쑥 자리하게 되었습니다. 영국 통계청마저 그 경제적 영향이 상당하다는 점을 감안하여 2017년에 공유경제 평가 계획을 발표하면서 공유경제에 동참하게 되었습니다.[1] 어떻게 이런 일이 일어난 걸까요? 공유경제 비즈니스가 인기를 끌게 된 이유는 무엇일까요? 그리고 집주인과 부동산 투자자에게 어떤 영향을 미칠까요?

다소 오해를 불러일으키는 용어이긴 하지만 공유경제는 돈을 내는 대신 상대방과 자산이나 서비스를 공유하는 거래를 포함하기도 합니다. 하지만 항상 그런 것은 아니며 공유경제를 통해 실질적인 변화를 일으키는 사회적 기업들이 있습니다.

공유경제의 정의

몇 가지 정의를 내리는 것부터 시작해 봅시다. 그러면 이 용어가 실제로 무엇을 의미하는지 감을 잡을 수 있으실 겁니다.

"일반적으로 인터넷을 통해 무료나 유료로 개인 간에 자산이나 서비스를 공유하는 경제 시스템."

출처: 옥스퍼드영어사전Oxford English Dictionary

원스페이스OneSpace 블로그는 다음과 같이 자세한 설명으로 정의에 좀 더 색채를 가미합니다. "전통적으로 P2P 리소스 네트워크로 특성화되긴 했지만 자산 가격은 높은데 활용도가 낮거나 일부 유휴 상태로 가동 중일 때 이 모델이 가장 많이 사용될 것으로 보인다."

정의의 몇 가지 핵심 요소와 더 광범위한 설명이 있는데 아마 강조하는 데에 유용할 것입니다.

자산이나 서비스에서 거래되는 경제 시스템

일종의 P2P모델로서 개인 간에서 이루어진다고 정의됨

모바일 인터넷이나 앱을 포함해 인터넷을 통해 발생함

활용도가 낮은 자산이나 서비스의 사용을 늘리는 데 도움이 됨

거의 직역이나 다름없는 단어인 '협동경제Collaborative Economy'처럼

용어를 혼동하고 바꾸어 사용하게 될 경우가 많습니다. 마찬가지로 여행 사이트 익스피디아Expedia와 금융 서비스 비교 사이트인 머니슈퍼마켓MoneySupermarket 같은 다른 非P2P 생태계를 포함할 수 있는 '디지털 경제'도 있습니다. 그리고 자산이 아닌 서비스 중심의 공유경제의 일부인 '긱 이코노미'가 있습니다.

나중에 다른 것도 몇 개 짚고 넘어가겠지만 여기 공유경제를 설명하는 데 도움이 되는 공유경제의 전형 몇 가지가 있습니다.

- **에어비앤비** – 여유 공간을 가진 부동산 소유자와 단기 체류를 원하는 게스트가 플랫폼을 통해 연결하고 이용료를 지급할 수 있도록 해주는 온라인 플랫폼 및 앱입니다.

- **우버** – 앱을 통한 결제로 A 지역에서 B 지역으로 이동하고자 하는 승객과 자동차 운전자를 연결해 주는 온라인 플랫폼 및 앱입니다.

- **태스크래빗**TaskRabbit – 임시직을 구하는 사람들과 작업을 마쳐야 하는 사람들을 한데 모으는 온라인 플랫폼입니다.

공유경제의 성장 배경은 무엇입니까?

- 손 안의 앱이 주는 편리함

- 구매자 측의 구체적인 수요 슬롯에 맞게 판매자 측에서 '영업 개시' 시각을 설정할 수 있는 유연성

낮은 수준의 규제 - 하지만 우리가 듣게 될 것처럼 이제 따라오기 시작하고 있습니다.

대규모 물리적 실체나 마케팅 예산조차 필요하지 않는 인터넷 및 모바일 배송 모델의 비용 급감으로 인한 낮은 진입 장벽

반짝거리는 새로운 개념 같지만 공유경제라는 개념은 수 세기 동안 존재해 왔습니다. 사람들이 책을 공유하고 빌릴 수 있는, 18세기부터 있던 동네 도서관을 예로 들 수 있죠. 하지만 적절한 개발 단계와 적절한 시기에 모든 기술이 결합되지 않았다면 현대적인 공유경제는 없었을 겁니다.[2] 와이파이나 고속 모바일에 쉽게 접속할 수 있는 스마트폰, 태블릿 등 모바일 기기의 확산은 공유경제 발전의 핵심 동력으로서 과소평가될 수 없습니다. 디지털 결제 인프라는 공유경제 서비스를 채택하는 데 있어 매우 중요했습니다. 우버를 부를 때 먼저 계정을 생성하고 세부적인 결제 정보를 제공해야 합니다. 이용이 끝나면 자동으로 결제됩니다. 카드 결제와 페이팔 같은 플랫폼이 광범위하게 채택되고 있는 것은 사람들의 지급 방법이 엄청나게 바뀌었다는 증거이기도 하지요. 저는 애플페이 같은 모바일 결제의 열렬한 팬입니다. 요즘에는 우유 한 병 사러 갈 때 휴대폰만 가져가도 되죠. 이러한 기술은 불과 몇 년 전만 해도 상상할 수 없었을 겁니다.

공유경제의 핵심 기술은 공유할 수 있게 연결된 자산입니다. 이것은 바로 에어비앤비나 우버, 이지카클럽 Easycar Club, 태스크래빗 TaskRabbit 같은 플랫폼으로 자신이 가진 자산과 재능을 다른 사람들과 나누고 싶어 하는 사람들, 그 자산과 재능이 필요해지면서 그 대가를 기꺼이 지

급하고자 하는 사람들을 모으는 것입니다. 그 자산이나 서비스란 어딘가 태워다 주기, 단기 숙박 시설, 거의 쓰지 않는 자전거나 드릴, 심지어 집 청소나 그래픽 디자인 서비스일 수도 있습니다. 공유경제가 안고 있는 가장 큰 문제 중의 하나는 신뢰입니다. 만난 적이 없는 사람과 함께 지내거나 낯선 사람에게서 차를 빌릴 때 자기 자신과 힘들게 번 돈이 모두 안전한지 알고 싶어 하는 것은 인간의 본성이죠. 확인된 사용자 프로필과 온라인 리뷰는 하이테크와 기계가 주도하는 거래에 인간적인 접촉과 동료 검증을 실현하는 데 도움이 됩니다. 마지막으로 커뮤니케이션 API는 공유경제에도 영향을 미쳤습니다. 이를 통해 소프트웨어 개발자가 앱과 소프트웨어에 음성 통화나 문자 메시지, 기타 통신 기능을 넣을 수 있습니다. 또 주로 기계와 상호 작용하는 경험이 좀 더 인간적으로 될 수 있고 어떤 문제가 생겼을 때 실제 사람과 연결할 수 있으므로 자신감을 더 많이 갖게 해줍니다.

소유권에서 벗어나기

우선 이것은 엄청난 사회적 변화입니다! 저는 비즈니스의 혁신적 기술에 대해 이야기하곤 하는데 이 분야는 그 혁신적 기술로 가득 차 있습니다. 앞서 언급했듯이 공유경제는 저활용 자산과 재능, 여가 시간을 공유하고자 합니다.[3] 에어비앤비의 경우에는 부동산, 우버와 이지카 클럽 같은 여러 카셰어링 플랫폼의 경우에는 자동차, 또는 잔디깎이나 자전거처럼 거의 사용하지 않는 물건들을 공유할 수 있습니다. 피플퍼아우어PeoplePerHour, 파이버Fiverr, 태스크래빗 같은 사이트에는 작업을 할 시간이나 기술이 없는 사람들에게 서비스를 제공하는 사람이 많습니다. 이것은 그래픽 디자인이나 카피라이팅과 같은 비즈니스 관련 업무일 수도 있고 케이크를 만들거나 조립식가구를 조립하는 것 같은 가사 관련 작업일 수도 있습니다. 앞서 언급했듯이 이러한 재능과 기술의 공유를 '긱 이코노미'라고도 합니다.

물건의 소유에서 필요에 따른 임차로의 전환은 주로 밀레니엄 세대가 이끌어 왔습니다.[4] 밀레니얼 세대는 정시 근무하는 전통적인 직업과 주택 소유에서 벗어나 보다 유동적인 생활로 옮겨가고 있습니다. 때와 장소를 가리지 않고 노트북 컴퓨터로 작업하면서 세계를 여행하는 식으로 프리랜서 활동을 하는 것도 생각해 볼 수 있지요. 이런 라이프 스타일을 가지고 있는 사람들을 '디지털 유목민'이라고들 합니다. 이러한 맥락에서 공유경제 기업이 꼭 들어맞습니다. 그러나 비단 밀레니얼 세대에게뿐만 아니라 공유경제의 좋은 점은 확실히 많습니다. 가끔 사용할 비싼 아이템을 사지 않고 빌릴 수 있다면 일리가 있죠! 고급 맞춤 옷을 좋아하지만 가격표는 마음에 안 들어하는 사람들을 위한 렌트 더런웨이Rent The Runway 같은 디자이너 의류 및 액세서리 공유 플랫폼도 있습니다. 또는 벤츠의 아주 스타일리시한 E클래스 AMG라인 컨버터블을 좋아한다면 46,000파운드 주고 사는 대신 P2P 사이트 하이야카HiyaCar에서 하루 200파운드에 빌릴 수 있습니다.

많은 사람이 공유경제 비즈니스를 '소유권 민주화'의 수단 같은 긍정적인 힘으로 보고 있습니다. 선장을 고용해서 1주일 동안 이탈리아 아말피 해안을 항해하며 여행하고 싶은가요? 보트 공유 사이트 앤트로스Antlos에서 인당 하루 63파운드부터 가능합니다. 이런 플랫폼에서 보다 저렴하게 많은 경험을 해 볼 수 있습니다.

그러나 공유경제의 어두운 면, 디스토피아적인 미래를 보는 사람들도 있습니다. 거의 아무것도 소유하지 않고 있다고 상상해 보세요. 꼭 필요한 것만 쓰려고 디지털 소액 결제로 집과 침대, 가구, 옷을 다 빌렸습니다. 겨울이 끝날 무렵 빌린 겨울 코트를 반납하고 파트너가 이사를 나가면 빌린 더블 침대를 싱글로 교체합니다. 이런 식으로 생활비는 더 저렴해지지만 더 일시적이 되지요. 집세를 제때 내지 않으면 인터넷에 연결된 현관문이 열리지 않는 미래를 보게 될까요?[5] 이 책의 뒷부분에서 더 자세히 다루겠지만 블록체인 기반 스마트계약으로의 변화는 흥미로운 발전입니다. 하지만 비용을 지급하지 않았을 때 부동산이나 아이템에 대한 접근을 막는 것도 미래에 있을 수 있는 일입니다. 정부와 입법자들이 그 의미를 이해하고 최악의 상황을 피하면서 이러한 기술의 이점을 활용하기를 바랍시다!

업계에는 모범 사례에 대한 가이드라인을 만들고 신뢰도를 높이려는 의지가 있습니다. 교역 단체인 영국 공유경제SEUK, Sharing Economy UK는 영국을 세계 공유경제의 중심으로 만들고 트러스트 실 카이트마크TrustSeal kitemark, 영국의 산업규격인증를 사용하여 모범 사례를 옹호하기 위해 2015년에 설립되었습니다.[6]

부동산 투자자를 위한 공유경제의 핵심 사항

| 가치 | 편의성 | 커뮤니티 및 신뢰 | 규제 |

가치: 부동산과 자동차 같은 고가품을 사서 유지하는 것은 잘 알고 계시듯이 돈이 많이 드는 일이죠! 하지만 빌릴 수 있는데 왜 사죠?? 이제 그 개념을 극한으로 가져가 보면 누군가는 아마도 미래에 더 훨씬 더 작은 소비 단위를 찾고 있을 것이라는 것을 이해하게 될 겁니다. 몇 년 단위로 집이나 차를 빌리는 대신 하루씩 빌린다면 어떨까요? 하루 임차료는 대출 한도보다 훨씬 적을 뿐 아니라 계획한 사용량에 맞출 수도 있습니다.

편의성: 원하는 것을 원하는 때에 가능한 가장 간단한 방법으로 주문합니다. 이제 사람들은 집에 가는 기차에서 스마트폰 앱으로 테이크아웃을 주문하여 도착해서 받습니다. 이를 렌탈시장에 적용하면 미래에 어떤 의미가 될까요? 우리가 빌리는 모든 것이 간밤에 하루 머물렀다 가는 에어비앤비 스타일이 된다는 것은 아닙니다. 다만 임차인이 서비스를 찾을 것으로 기대하는 방식이 이러한 새로운 플랫폼의 영향을 크게 받을 가능성이 있다는 뜻입니다.

커뮤니티 및 신뢰: 제가 에어비앤비에서 가장 좋아하는 점 중의 하나는 커뮤니티적 요소입니다. 정말 눈에 띄는 두 가지는 다음과 같습니다.

신원 확인. 내 부동산에 누구를 들이는지를 파악하고 있다는 뜻이고 그 반대의 경우도 마찬가지지요.

등급. 올바로 유지되면 평판을 잘 형성하거나 무너뜨릴 수 있는 매우 강력한 형태의 사회적 검증 장치입니다.

건물 투자자는 누가 자신의 부동산에 머물고 있는지 꼭 알고 싶어합니다. 소셜 미디어 계정과 여권 스캔을 연결만 하면 평판 체크 및 임대 권한 확인을 훨씬 쉽게 할 수 있습니다. 그리고 나서 평가시스템을 통해 서로를 공개적으로 평가할 수 있으니 모두가 정직해지도록 하는 데 확실히 도움이 되겠지요. 이전 세입자가 수리 요구에 대한 대응, 부동산과 '고객 서비스'의 수준에 대해 여러분을 평가했다고 상상해 보세요. 어떻게 하시겠습니까? 글쎄요, 팟캐스트에서 홈렌터의 월 핸들리가 말했듯이 이런 유형의 시스템이 곧 나올 테고 임차인은 고객이라는 새로운 시각을 가져야 할 때입니다.

규제: 우버가 그토록 빠르게 거대해진 이유 중의 하나는 레이더에 걸리지 않는 스텔스기처럼 출시됐기 때문이죠! 우버는 재정적 후원자의 도움을 받아 택시 면허 사업자들의 레이더 아래를 저공 비행하여 아주 짧은 시간에 세계적으로 확산되었습니다. 하지만 또한 우버를 좋아하는 소비자들 덕에 확실히 자리 잡고 높은 가치가 있는 비즈니스가 되

었습니다. 따라서 규제 당국이 이를 알아채고 입법과 규제를 시도했을 때는 이미 우버가 견고한 방어 기지를 구축한 다음이었지요. 우버가 기지를 너무 적극적으로 방어한 것 아니냐고 주장하는 사람도 있긴 하지만 우버는 규제 당국이 따라잡을 수 있는 것보다 빠르게 달아났습니다. 이것이 정말 중요한 점입니다. 당국이 따라잡고 조이기 시작하면 가장 큰 혜택을 보는 것은 가장 먼저 움직이는 기업들입니다. 그들은 규제를 앞지를 테고 그러면 규제는 아마 뒤따르는 신규 진입자들에게 진입 장벽으로 작용하겠지요.

공유경제의 과제

지금까지 부동산 투자자를 위한 몇 가지 핵심 사항을 짚어 봤는데 이 중의 일부는 아래 리스트에도 나온다는 사실에 놀라실지도 모르겠습니다! 저는 이러한 사실이 이 분야의 본질이라고 봅니다. 너무 빠르게 발전한 탓에 긍정적인 요소가 많은데도 아직 완전히 해결되지 못한 면이 있습니다.

믿음

뉴스에 관심 있는 분들이라면 누구나 최근 우버가 겪고 있는 문제에 관한 보도를 보셨을 것입니다. 이에 대해서는 곧 자세히 설명하겠습니다. 신뢰는 공유경제 비즈니스의 주요 이슈입니다. 우버 이용과 에어비앤비 숙박은 대부분 사고 없이 지나가지만 극소수의 형편없는 사례가 미디어 전체에 확산돼 소비자 신뢰에 큰 타격을 줍니다. 이러한 사고를 초래한 ID 및 검증 허점 중 일부가 강화될 때까지 신뢰는 공유경제에 대한 도전으로 남겠지요.

중국에서 공유자전거 수천 대가 들판에 쌓여 있거나 관공서 구내에 압류되어 있는 놀라운 사진을 보셨을지도 모르겠습니다. 거치대 없는 공유자전거는 중국에서 매우 인기가 있지만 운영자는 두 가지 주요 문제에 맞닥뜨렸습니다. 첫째, 일부 사업자가 너무 큰 규모로 너무 빨리 들어가는 바람에 지역 인프라와 규제가 속도를 맞추지 못하고 공급이 초기 수요를 너무 앞질러 버렸습니다. 이로 인해 몇몇 회사는 파산해 버렸죠. 둘째. 신뢰는 공유경제에서 쌍방향의 관계입니다. 중국의 공유자전거 이용자들은 스마트폰으로 잠금을 풀어 자전거를 타고 난 다음 원래 반드시 반납하지는 않았습니다. 이로 인해 세계에서 가장 인구가 많은 나라에서 많은 자전거가 아무데나 세워져 있거나 심지어 버려지기도 했습니다. 그럼에도 불구하고 이 제도를 운영하는 도시에서 단 2년 만에 자전거 사용이 두 배로 늘고 자동차 사용은 감소했습니다.[7] 그들은 주요 목표를 달성하고 있고 운영 방식만 엄격히 하면 됩니다. 또 다른 새비있는 중국 사례를 들자면 E-엄브렐라E-Umbrella라는 회사는 2017년 봄에 중국의 11개 도시에서 우산 30만 개를 대여하는 서비스를 출시했습니다. 사용자는 스마트폰 앱으로 소액의 대여료를 지급하고 잠금 해제 코드를 받았습니다. 하지만 들리는 얘기로는 회사가 우산 반환 방법을 제대로 알리지 않아서 석 달 만에 30만 개의 대부분이 없어졌다고 합니다![8] 고객 대부분은 얼마 안 되는 돈을 내고 빌린 우산을 그냥 갖기로 작정한 것 같네요. 따라서 신뢰는 소비자뿐 아니라 인간의 본성과 부정직함에 대한 수용 능력을 고려해야 하는 공급자에게도 문제가 됩니다.

과세, 인허가 및 규제

경제학자 사트야짓 다스Satyajit Das는 영국 인디펜던트지The Independent 紙의 2017년 기사에서 공유경제 비즈니스가 납세자에게서 효과적인 보조를 받고 있다고 주장합니다.[9] 그는 우버 같은 서비스가 "기존 투자의 가치와 기존 택시 면허 같은 인프라의 가치를 떨어뜨리므로 궁극적으로 우리 같은 사람들로부터 보조금을 받는 셈"이라고 말했습니다. 의심할 여지없이 공유경제 대부분이 가격 경쟁을 하고 있으며 일반적인 규제 및 조세 체계를 벗어나 있기 때문에 기존 공급자보다 저가로 공급합니다. 공유경제가 경제에 보탬이 되는 것인지, 단순히 기존 비즈니스에서 뺏은 돈을 재분배하는 것인지 논란거리가 되고 있습니다. 인가 받은 택시회사가 면허를 취득하고 유지하는 데에 많은 비용이 드는 이유를 이해할 수 있습니다. 2017년 12월 EU 최고법원은 우버가 실제로 택시 서비스라고 판결했습니다.[10] 이는 우버에 대한 규제가 명백히 강화되고 있음을 의미하는데 런던교통공사가 공공안전 문제로 인해 '적합하고 적절한' 회사가 아니라는 이유로 2017년 9월에 우버의 영업인가를 취소한 이래 특히 그렇습니다.

에어비앤비 또한 규제 문제에 직면했습니다. 런던에서 부동산 소유자는 연간 최장 90일간 단기 임대 목적으로 부동산 전체를 임대할 수 있습니다. 만일 그 기한을 넘길 경우 사용승인 변경을 위해 지자체에 신청해야 합니다. 에어비앤비의 시스템은 이제 규정을 준수하기 위해 그레이터 런던 지역에서 임대를 자동으로 제한합니다.[11] 단기 임대와 관련하여 모기지 및 보험에 대한 영향도 있습니다. 부동산 소유자는 약관을 위반하지 않도록 해야 하며 모기지 회사나 보험사 부동산 소유권의 변화를 고려한 상품을 제공해야 합니다. 규제 당국은 주요 공유경제 비즈니스의 일부에 대해서는 천천히 따라잡고 있긴 하지만, 이 부문에 더 혁신적인 신규 진입자가 나타나면 할 일이 훨씬 더 많을 겁니다!

'긱 이코노미'는 공유경제 중에서 논란이 되고 있는 하위 분야입니다. 점점 더 많은 프리랜서들이 노동/기술 공유 플랫폼에서 일하고자 경쟁하고 있습니다. 노동자들이 노트북을 들고 해변에 행복하게 앉아 있는 장밋빛 이미지를 떠올리게 되지만 경쟁의 글로벌 특성은 선진국의 많은 노동자가 '전통적인' 직업을 가질 때보다 수입이 적을 것임을 의미합니다. 이 글을 집필하는 시점 기준으로 연금 지급은 말할 것도 없고 휴가, 병가, 육아 수당과 같은 고용 혜택도 적용되지 않습니다. 하지만 '긱 이코노미'가 근로자에게 유연성을 제공한다는 점에서 많은 사람, 특히 가족이 있는 사람들이 높이 평가합니다. 다시 말하지만 근로자를 적절히 보호해 이러한 방식으로 일하는 유연성의 혜택을 충분히 누릴 수 있도록 하는 것은 규제 당국과 '긱 이코노미' 플랫폼에 대한 도덕적 의무에 달려 있습니다. 최근의 일부 판례는 일부 긱 이코노미 근로자가 고용 혜택을 받아야 함을 확인했습니다. 계속 지켜봐 주세요.

공유경제의 다음은 어디일까요?

어떤 방식으로든 중단되지 않을 산업이나 분야는 없을 겁니다. 파괴적인 신규 진입자의 위협을 완화하기 위한 기존 기업들의 혁신을 점점 더 많이 보게 될 것이고 그건 나쁜 일이 아니죠. 방금 언급했듯이 우버는 택시업계가 그 출현을 눈여겨보지 않았고 우버가 편의성과 가치 면에서 고객에게 우수한 서비스를 제공했기 때문에 매우 빠르게 성장했습니다. 다른 산업의 기존 비즈니스도 유념하지 않는다면 비슷한 상황에 놓일 수 있습니다. 기존 비즈니스가 파괴적인 공유경제에서 이익을 얻을 수 있는 방법 중의 하나는 유용한 파트너십을 체결하는 것입니다. 이에 대한 좋은 예는 이케아와 태스크 래빗이 2017년에 협력하여 태스크래빗 플랫폼에서 지역 내의 일용직 노동자들을 활용해 가구 조립 서비스를 내놓은 것입니다.

또한 공유경제에서 놀랄 만큼 중요한 실패 사례가 몇 건 있습니다. 흥미롭게도 어떤 회사도 P2P 상품 공유 비즈니스에서 성공하지 못한 것 같습니다. 미국에서는 스냅-굿즈Snap-Goods를 비롯한 여러 경쟁사가 잔디 깎는 기계나 진공 청소기, 노래방 기계를 다른 사람한테서 빌리고 싶어 하는 사람들이 있는데도 실제로는 그러한 제안이 그다지 매력적이지 않았기 때문에 몇 년 후에 사업을 접을 수밖에 없었습니다. 다음 날 또는 심지어 당일에 신제품이 배송되는데 '왜 15달러 주고 드릴을 빌리러 마을을 가로질러 차를 몰고 가야 하는가'라는 의문이 바로 그겁니다. 아주 최근에 전 세계적인 P2P 자전거 공유 플랫폼인 스핀리스터Spinlister가 7년 만에 온라인 창구를 폐쇄했습니다. 우버조차도 창립 이래 이익을 시현하지 못했습니다. 하지만 전 세계적으로 공유경제는 엄청납니다. 메릴린치은행은 최근 연구 보고서에서 공유경제의 가치를 약 2,500억 달러(1,900억 파운드)로 추정했습니다. 또한 이 부문이 여전히 성장하고 있고 더 많은 에어비앤비가 2017년에 9,300만 달러의 수익을 올렸으며 2020년까지 30억 달러의 수익을 올릴 것으로 예상하고 있습니다. SEUK 회장인 리처드 로튼Richard Laughton은 많은 사람이 손실을 보고 있는 상황에서도 영국 공유경제 비즈니스에 대한 투자와 펀딩이 지속될 것으로 기대하고 있습니다.

공유경제는 그 자체로 끊임없이 진화하고 있습니다. 예를 들어 이 장의 첫머리에서 시장의 특성 중 하나가 P2P적 요소라고 언급했습니다만, 일부 B2C 진입자들도 실제로 파장을 일으키기 시작했습니다. 예를 들어 위워크나 집카ZipCar, 넷플릭스, 스포티파이를 생각해 보세요. 즉 에어비앤비나 우버 같은 P2P 플랫폼에서든, 파이버나 업워크UpWork 같은 마이크로서비스업체에서든, 아니면 익스피디아, 머니슈퍼마켓MoneySupermarket 같은 중간자를 제거한 마켓플레이스에서든 디지털 혁신은 다가오고 있습니다. 즉 경계가 모호해지고 앞으로도 계속 그렇게 될 것입니다. 이것은 미래를 예측할 수 없으며 또한 상당히 많이 바뀔 가능성이 있다는 뜻이지요!

2016년 슈뢰더 보고서[12]에 따르면, 일부 산업은 디지털 공유경제에 대한 이러한 광범위한 정의를 사용하여 확장할 준비가 충분히 됐습니다. 일부 산업에서는 이미 많은 파괴적인 신규 진입자가 나타났습니다. 언급된 첫 번째 부문은 에어비앤비, 부킹닷컴 같은 호텔·숙박업 및 전에 언급한 보트 공유 마켓플레이스인 안티오스 같은 더 전문적인 틈새시장에도 상당한 충격을 던졌던 기타 플랫폼입니다. 슈뢰더 보고서는 또한 자율주행차, 특히 공유 자율주행차로의 변화와 더불어 승객 운송문제를 언급했습니다. 2015년 바클레이즈 투자은행 보고서에 따르면, 이러한 새로운 기술이 적용됨에 따라 2040년까지 기존 방식의 자동차 보유 수요가 50% 감소할 수 있다고 합니다.[13] 이에 대해서는 뒤의 챕터에서 더 자세하게 다루겠습니다. 다음으로는 일시적으로 훨씬 저렴한 임차료로 고가 아이템을 '소유'해보는 경험과 소유한 것처럼 보이는 것을 즐기는 밀레니엄 세대 덕에 여행 장비와 스포츠 용품이 리스트에 올랐습니다. 명품 의류나 신발, 보석, 시계도 같은 이유입니다. 디자이너 의상 전체를 훨씬 싸게 빌릴 수 있는데 왜 특별한 행사 하나 때문에 새 양복이나 드레스를 사는 데 돈을 써야 하나요?

슈뢰더 보고서가 언급한 많은 부문은 부동산 투자자 및 디벨로퍼로서 우리에게 직간접적으로 영향을 미칠 수 있습니다. 여기 예시가 있습니다:

숙소(에어비앤비)

부동산 회원권(블록체인 공급자 도미늄Dominium)

주차(저스트파크JustPark)

스토리지(쉐어마이스토리지ShareMyStorage)

금융 및 결제(렌드인베스트LendInvest & 레볼루트Revolut)

보험(리파짓 Reposit)

작업 및 공연(태스크래빗 및 피플퍼아우어)

배달 서비스(애니밴AnyVan)

부동산업(세틀드Settled)

임대 중개(유패드, 애스크포터 및 홈렌터)

양도와 가치평가(예: 암호화폐를 사용하여 자산 기록 데이터, 소유권 기록 및 신뢰성 있는 결제를 향상하는 블록 체인 기술)

이후 장에서 암호화폐와 블록 체인의 가능성에 대해 자세히 다룰 것입니다.

소비자는 공유경제에서 가격과 서비스 이상의 매력을 느낍니다. 이제 유휴자산이 더 효율적으로 활용되고 공동체 의식을 고취하기 때문에 많은 기업이 지속 가능성을 장려하겠다는 뜻을 비쳤습니다. 좋은 일을 하기 위해 공유경제 플랫폼을 사용하는 혁신적인 비영리단체들이 있으며 여기에서 몇 군데를 간단히 살펴보는 것이 좋겠습니다. 앞서 언급했듯이 직장의 미래와 긱 이코노미는 현재 근로자를 위한 사회 안전망과 유연성의 균형을 맞출 필요가 있는 뜨거운 주제입니다. 애스트리드ASTRiiD는 최근에 영국에서 설립되었으며 장기적인 건강 상태상 상근직을 유지할 수 없는 사람들에게 취업 기회를 주선하는 것을 목표로 합니다. 빔Beam[14]은 노숙자들이 직장으로 돌아갈 수 있도록 재무 훈련을 추구하는 또 다른 플랫폼입니다. 이 두 플랫폼 모두 기술을 사용하여 사회를 더욱 포용적으로 만들고 동시에 경제적 효율성을 촉진합니다. 또 다른 환상적인 서비스는 비마이아이즈Be My Eyes입니다.[15] 시각장애가 있는 사람들이 요청하면 실시간 화상 통화를 할 수 있도록 도울 자원 봉사자와 연결됩니다. 시각 장애가 있는 사람이 지침이나 제품 유통 기한을 읽고 색상을 구별하거나 새로운 환경을 탐색하는 데 도움을 받을 수 있습니다. 프리사이클FreeCycle은 '주는 사람'과 '받는 사람'(그러고 나서 종종 자신이 주는 사람이 됨)이 어쩌면 쓰레기 매립지에서 끝나버렸을 수 있는, 원치 않는 물건을 교환하면서 번창한 것처럼 보이는 대규모 커뮤니티를 보유하고 있습니다. 공익을 위해 혁신적이고 놀라운 방법으로 기술을 활용하면서 앞으로 몇 년 동안 자선 단체와 비영리 단체들이 공유경제 플랫폼을 더 많이 사용할 것으로 기대됩니다.

결론

자, 이 장이 흥미로우셨기를 바랍니다. 엄밀히 말해 공유경제 인명록까지는 아니지만 그럭저럭 쓸만한 이정표와 이름들을 확인했을 겁니다. 공유경제를 조사할 때 눈에 띄는 이상한 통계를 발견하고 조금 놀랐습니다. 예를 들어 공유경제를 가장 많이 이용하는 것으로 보이는 인구 집단입니다. 가장 많이 이용하는 인구 집단은 밀레니얼 세대, 중위 내지 고소득자 또는 어린 자녀가 있는 가족입니다. 사람들이 꼭 이 세 부분 모두에 속하는 것은 아니지만 아마 한두 개에는 속할 겁니다. 그렇다고 다른 그룹이 배제된다는 것은 아니지만 현재 가장 많이 사용하고 있는 인구 집단입니다. 하지만 잠시 뒤로 물러서서 다른 시각으로 본다면 우리가 목표로 하는 세입자와 주택 구매자는 누구인가요? 젊고 풍요로운 독신자나 커플, 젊은 가족 중의 하나 이상에 해당할까요? 만일 그렇다면 공유경제와 디지털경제에서 어떤 변화가 일어나고 있는지 계속 예의주시하고 싶을 것입니다. 상황이 변하고 있으며 그것도 매우 빠르게 변하고 있습니다. 따라서 우리가 알기 전에 새로운 비즈니스 모델, 새로운 서비스, 새로운 경쟁자, 새로운 시장, 새로운 채널, 완전히 새로운 산업이 예전에 이미 그랬듯이 우리 주변과 스마트폰에서 갑자기 나타나는 것을 보게 될 겁니다!

네, 맞아요. 저는 익스피디아에서 항공권을, 에어비앤비에서 숙박을, 저스트파크에서 공항 근처의 단기주차장을 각각 예약하고, 목적지에서 하이야카로 렌터카를 빌리고 레볼루트카드를 챙겼는지 확인할 겁니다. 알고 계시듯이 이건 사실이에요!

6장 금융기술

핀 테 크

금융 기술(핀테크)

더 프로퍼티 보이스 팟캐스트를 들어보면 부동산 투자도 사업이라는 말을 자주 언급한다는 것을 알게 될 것입니다. 부동산 소유자가 적절한 수익을 내지 못한다면 재정적 측면에 충분히 주의를 기울이지 않은 거죠! 따라서 금융은 부동산 투자자의 업무에서 중요한 부분입니다. 금융기술의 발달은 현재와 미래에 부동산 소유자와 부동산 투자자에게 어떤 도움이 될까요? 이 장에서는 핀테크의 세계로 들어가 보험과 대출, 금융 자문업이 기술에 의해 어떻게 위협받는지 살펴보겠습니다. 이 장에서 간략히 언급하겠지만 암호화폐와 블록체인은 부동산 분야를 여러모로 혼란에 빠뜨릴 수 있는 큰 잠재력을 지니고 있으므로 나중에 이 주제에 대해 한 장 전체 분량으로 다루겠습니다.

부동산 투자자를 위한 대출

모기지

대부분의 모기지산업이 구태의연한 방식으로 운영된다는 것은 의심의 여지가 없습니다. 1990년대 이전에는 투자 부동산을 구입할 때 현금이나 은행 대출을 쓸 것인지 선택할 수 있었고 은행 담당자에게 돈을 빌려달라고 설득할 수도 있었을 것입니다. 임대용 부동산 모기지는 1990년대에 도입됐고 지난 10년 내지 15년 동안 브릿지 금융˙이 뒤를 이었습니다. 투자자나 차주에게 금융을 제안할 때 아무도 특별히 기술을 활용한 방법을 사용하지 않았죠. 하지만 이제 온라인으로 신청할 수 있는 대출 기관 및 중개인의 BTL 및 상업용 모기지가 있습니다. 랜드베이LandBay나 렌드인베스트, 펀딩 서클Funding Circle, 프로퍼티 파트너Property Partner, 더 하우스 크라우드The House Crowd, 프로퍼티 무스Property Moose 같은 회사와 함께 P2P와 크라우드 펀딩 플랫폼이 새로이 등장하는 것을 보셨죠. 사람들은 전화나 온라인으로 상품과 서비스를 주문하는 데 익숙합니다. 그래서 부동산을 처음 매입하는 사람들은 프로세스가 여전히 오래 걸리고 종이를 기반으로 하며 번거롭다는 사실에 충격을 받기도 합니다. 솔직히 우울해요. 언모기지UnMortgage의 레이 라피크 오마르는 팟캐스트에 나와 부동산 분야, 특히 모기지에서 핀테크의 진정한 혁신이 부족하다는 점에 실망했다고 했습니다. 언모기지는 제너레이션 렌트Generation Rent 회원이 혁신적인 공유 소유권 모델을 사용하여 부동산을 구입할 수 있도록 도와줍니다. 레이는 지금까지 시스템이 작동해온 방식의 근본적인 변화보다는 프로세스 개선 측

˙ (역자 주) 단기 차입을 통해 필요자금을 일시적으로 조달하는 것

면에서 진전이 있었다고 했는데 이는 맞는 말입니다.

다행히도 판을 흔들고 차주에게 더 나은 고객 경험을 제공하는 선구자가 있습니다. 저는 모기지 시장의 혼란을 이끌고 있는 트러스Trussle의 이샨 말히와 진행한 팟캐스트가 정말 즐거웠습니다. 트러스는 최적의 거래를 탐색하기 위해 몇 초 만에 90개 대출 기관의 11,000개 이상의 모기지 상품을 검색하고 5~10분 만에 신청할 수 있는 프로세스를 제공하는 무료 디지털 통합 모기지 브로커입니다. 사용자는 연중무휴 전화나 노트북으로 전체 모기지 신청 절차를 온라인에서 진행할 수 있고 필요하면 스캔한 문서를 사용할 수 있습니다. 트러스 계정을 만들면 가능한 거래와 모기지를 시스템이 지속적으로 체크하여 이용 가능 여부를 항상 알 수 있게 해줍니다. 이샨은 모기지가 자동으로 전환되는 시점에 아무것도 안 해도 항상 가장 좋은 조건으로 거래할 수 있다고 했습니다. 고객 서비스를 모기지 신청의 중심에 두고 있는 트러스는 확실히 맞는 길을 가고 있는 것 같은데 이런 사례는 좀처럼 쉽게 들을 수 있는 것은 아니죠.

모기지에 관해서는 해야 할 일이 확실히 훨씬 더 많습니다. 팟캐스트 게스트 몇 명이 예상했듯이 앞으로는 정보를 한 번만 입력하면 되는 '모기지 여권'이 나올 겁니다. 이후의 모든 신청서는 신청자가 모든 정보를 다시 입력할 필요 없이 다양한 출처에서 가져온 업데이트된 데이터와 함께 자동으로 제출됩니다. 이것을 구현할 수 있는 기술은 이미 존재하는데 지금 당장 할 수 없다는 것이 답답합니다. 또 다른 게스트는 모기지를 소유자가 아닌 부동산에 기반해 실행할 수 있다는 것이었습니다. 이것은 완전히 다른 관점이며 더 많은 젊은이들이 부동산을 구입하는 데 도움이 될 수 있습니다. 확실히 모기지산업이 미래에 극적으로 변할 것으로 기대합니다. 바라건대 지금까지 보아온 것보다 훨씬 더 고객 중심적인 접근 방식으로요. 독자 여러분께서는 더 프로퍼티 보이스 웹사이트의 리소스 페이지와 이 책의 보너스로 제공되는 정기적으로 업데이트되는 링크 문서에서 유용한 링크를 찾으실 수 있습니다.

크라우드 펀딩 및 P2P

2008년 글로벌 금융위기 이후 암흑기에 은행과 그 자회사의 대출은 사실상 고갈되었습니다. 이 공백에 발을 들여 놓은 새로운 유형의 P2P 대출과 크라우드 펀딩 사이트가 생겨서 대출이 더 간단해지고 개인들이 새로운 투자 방법에 접근할 수 있게 되었습니다. 이들 업체의 공통점은 온라인 플랫폼과 간소화된 서비스 접근 방식입니다. 조파*Zopa* 처럼 잘 알려진 소비자 P2P 대출 플랫폼 외에도, 부동산 투자를 전문으로 하는 흥미로운 P2P 및 크라우드 펀딩 플랫폼이 몇 가지 있습니다.

이 시점에서 크라우드 펀딩과 P2P에 대한 정의를 하는 게 좋겠습니다. 종종 함께 묶이곤 하지만 실제로는 다릅니다. 둘 다 사람들을 모아 무언가에 재정적 지원을 하지만 방식은 다릅니다.

크라우드 펀딩: 보상 기반 또는 주식 기반. 가난한 아티스트 지원 프로젝트를 같은 다양한 기회를 제공합니다. 비슷한 뜻을 가진 사람들은 몇 파운드부터 시작해서 기부를 하고 책에서 '특별 감사 인사'를 받거나 책의 저자 서명본이나 저자의 비디오 강의에 더 투자하는 방식으로 기여할 수 있습니다. 이것이 보상 기반 크라우드 펀딩입니다. 주식

기반 크라우드 펀딩은 주식 투자에 가깝습니다. 이는 투자자에게 일반적으로 스타트업이나 초기 단계에 있는 회사의 지분을 소유할 수 있는 기회를 제공합니다. 사업이 잘되면 투자자는 큰 수익을 올릴 수 있지만 사업이 완전히 망하면 돈을 잃게 되는데 크라우드큐브CrowdCube가 후자의 예죠.

P2P Peer-to-Peer: 투자자는 지분을 소유하는 게 아니라 온라인 플랫폼을 통해 개인 또는 사업자에게 직접 대출해줍니다. 대출은 주식과 매우 다릅니다. 특정 금액이 정해진 기간에 상환되며 투자자는 대출에 대한 이자로 수익을 얻습니다. 일반적으로 위험과 보상의 수준은 P2P 대출이 더 낮습니다.

이제 좀 더 알게 되었으니 크라우드 펀딩과 P2P가 부동산 투자에 미치는 영향을 더 자세히 살펴보겠습니다. 이 플랫폼은 적은 돈을 가지고 있고 부동산에 투자하고 싶지만 돈이 충분하지 않은 사람들에게 매력적입니다. 부동산을 직접 소유하는 번거로움 없이 부동산 투자 수익을 누리고자 하는 투자자도 혜택을 볼 수 있습니다.

부동산 크라우드 펀딩 플랫폼

전통적인 BTL 부동산 투자를 시작하려면 상당한 자금이 필요했습니다. 크라우드 펀딩 플랫폼은 몇 년에 걸쳐 부동산 분야로 옮겨가 자금 없이도 사람들이 투자할 수 있도록 하고 BTL 부동산을 직접 살 때 수반되는 조사 활동과 위험, 번거로움을 없앴습니다. 예를 들어 100파운드면 프로퍼티 무스를 시작할 수 있습니다. 주요 플레이어로는 프로퍼티 파트너와 더 하우스 크라우드, 방금 언급한 프로퍼티 무스가 있습니다. 하지만 일부 플랫폼은 없어지기도 했기 때문에 위험성에 대한 의문도 있습니다. 흥미롭게도 프로퍼티 파트너는 투자자가 투자를 청산하려는 경우 BTL 소유 회사에서 지분을 거래할 수 있는 2차 시장을 제공합니다. 주식을 매도하는 데 소요되는 기간이 평균 3.4일이라고 합니다. 하지만 데이터 처리 및 자금 세탁 방지 협약을 강화하기 위한 새로운 유럽 법률이 제정되면서 프로퍼티 무스는 규제 문제를 이유로 2018년 2월에 2차 시장의 운영을 중단했습니다.

P2P 부동산 대출

주플라Zoopla가 지원하는 랜드베이Landbay는 경험 많은 임대인에게 P2P BTL 모기지를 제공하는데, 100파운드부터 투자할 수 있습니다. 이는 이노베이티브 파이낸스 개인종합자산관리계좌Innovative Finance ISA를 활용할 수 있는 투자자에게는 저축예금 이자보다 더 높은 수익을, 임대인에게는 더 저렴한 BTL 모기지를 제공합니다. 랜드베이도 투자를 청산하려는 투자자를 위한 2차 시장을 열고 있습니다.

렌드인베스트LendInvest는 2013년 출시돼 거액 자산가 및 기업(은행 및 대기업 포함)을 위한 P2P 투자와 지주 및 디벨로퍼를 위한 단기 금융 서비스를 제공합니다. 렌드인베스트는 더 탄탄한 자본을 기반으로 하여 자금을 조달하기 위해 점진적으로 거액 투자자, 전용 펀드,

소액 은행 여신 한도, 소매 채권으로부터 대출을 받으면서 글로벌 금융위기 이후 부동산 투자자 대출의 신세계에 발을 디딜 수 있었습니다. 이는 은행 신용이 부족한 시기에 대비한 방어책이 될 수 있으며 전통적인 대출이 불가능할 때 투자자가 자금을 확보하는 데 도움이 될 수 있습니다.

기타 자금 조달 방법

2000년대 후반의 불황은 많은 사람에게 고통을 주었지만 그로 인한 긍정적인 점 하나는 대출에 접근하기 어렵다는 점에 대한 직접적인 결과로 금융을 조달하는 굉장히 다양하고 새로운 방법이 나타났다는 것입니다. 이제는 주류 대출을 넘어서 프로퍼티 크라우드Property Crowd처럼 급속히 커지기 시작한 다양한 틈새시장 온라인 플랫폼을 통해 채권, 자본 조달 및 조인트벤처JV 파트너십을 통해 부동산 금융 조달을 할 수 있습니다. 또한 최근 몇 년 동안 일부 대규모 부동산 네트워크를 통해 온라인에서 시작된 JV 파트너 연결도 보았습니다. 대부분의 금융 제공자는 거액 자산가나 정교한 투자자이지만 이러한 금융 서비스를 사용하는 투자자와 디벨로퍼는 그렇지 않습니다. 앞으로 더 많은 서비스가 완전히 온라인과 모바일 앱으로 제공되는 것을 기대해 보시죠.

지급 및 통화

여러 나라에 부동산을 소유하고 있는 사람에게는 빠르고 안전하고 쉽게 지급하고 수금할 수 있는 것이 매우 중요합니다. 예를 들어 제공되는 서비스에 대한 요금 및 임차료나 단기 숙박비 등을 이제 고맙게도 온라인이나 모바일을 통해 쉽게 지급할 수 있습니다. 인터넷뱅킹이 많은 도움이 되었지만 결제 서비스도 마찬가지입니다. 페이팔이 잘 알려진 서비스지만 인터넷 결제 집금 서비스 업체인 스트라이프Stripe, 누구나 직접 채권을 회수할 수 있는 서비스를 제공하는 고카드리스GoCard-less, 최근 페이팔이 22억 달러에 저렴하게 인수한 비접촉 결제단말기 업체인 아이제틀iZettle 같이 상대적으로 새로운 기업들이 영향을 미치고 있습니다. 이 회사들은 모두 기술을 활용하여 소액 결제를 더 간단하고 효율적으로 만들고 있습니다.

영국에서는 모바일 지갑과 결제 앱이 아직 세계의 다른 지역에서만큼 인기가 있지는 않지만 애플 페이, 삼성 페이, 안드로이드 페이가 스마트폰을 결제 카드로 바꾸어 가고 있습니다. 휴대폰을 사용하여 소규모 상품 및 서비스 거래를 빠르고 쉽게 결제할 수 있는 친숙함과 편리함에 대해 할 말이 많지요. 미래에는 블록체인 기술을 사용하여 모바일 지갑으로 자동차나 부동산 구입 같은 더 큰 거래가 이루어질 것으로 예측합니다만 이후 장에서 더 많이 다루겠습니다.

선불 신용 카드는 결제를 보호하는 더 안전한 방법으로 부각되고 있습니다. 저는 과거에 캐쉬플러스CashPlus를 사용했지만 다른 것들도 많이 있으며, 마찬가지로 레볼루트Revolut 같은 회사는 실제 카드와 가상 카드를 통해 선불 결제 카드 기능을 제공하고 스마트폰 앱에서 지원되는 커브Curve를 사용하면 은행 카드와 신용 카드를 모두 하나로 통합할 수 있습니다. 현재 글린트Glint라는 회사의 금 결제 카드도 있습니다. 모바일 결제는 의심할 여지없이 성장하고 떠오르는 분야입니다. 그러니 여기를 주목하세요.

고맙게도 기술은 언제나 시간과 비용이 많이 들었던 외화 송금 서비스를 혁신했습니다. 제 부동산 사업에서 해외 송금 비용을 줄이는 데 확실히 도움이 되었던 트랜스퍼와이즈TransferWise를 특별히 언급하고 싶군요. 레볼루트는 해외여행에서 매우 유용한 통합 통화 선불 신용카드로 수수료가 발생하지 않고 실질 환율을 적용하므로 해외 결제를 훨씬 용이하게 해줍니다! 아직 실제로 다루지는 않았지만 암호화폐 거래 플랫폼과 지갑은 향후 10년간 국제 송금과 국내 소액 결제에서 모두 혁명을 일으킬 것으로 보입니다.

은행업

변화가의 은행 지점이 우리 주위에서 모두 문을 닫고 귀에 익지 않은 이름에서 인터넷뱅킹으로 대체되고 있습니다. 일부 유명 은행에 대한 신뢰는 의심할 여지없이 10년 전 시작된 글로벌 금융위기로 약화되었습니다. 이러한 사실과 기술의 가능성은 새로운 기술을 도입한 은행들이 시장에서 환영받게 되었음을 의미합니다. 이제 데스크톱 컴퓨터나 태블릿, 휴대폰에서 뱅킹을 할 수 있게 되어 생활이 훨씬 편리해졌습니다.

특히 신기술에 기반한 새로운 형태의 은행들도 있습니다. 예를 들어 저는 최근 부동산 구매를 위해 특수목적회사를 설립할 때 은행 업무를 위해 중소기업 뱅킹 도전자인 타이드Tide를 제 휴대폰에 신청해서 사용했습니다. 타이드는 중소기업 은행 계좌에 월별 수수료가 없고 소액으로 타행 계좌 이체와 ATM 현금 인출이 가능하며 중소기업 회계를 더욱

쉽게 처리할 수 있게 해주는 훌륭한 기능도 있습니다. 몬조Monzo와 스탈링Starling은 모두 휴대폰으로 접속할 수 있도록 특별히 만든 은행이어서 매우 직관적이고 사용하기 쉽습니다. 다른 신생 은행들처럼 대부분의 기존 은행보다 저렴한 수수료를 받습니다. 그리고 에이콘 어카운트Acorn Account, 카운팅업CountingUp, 회계 소프트웨어와 모바일 뱅킹 결합과 앞서 언급한 타이드, 몬조, 스탈링 같이 지점, 서명 또는 수표가 없는 온라인 뱅킹에 특화된 은행도 있습니다. 기술 덕에 확실히 사회의 다양한 부문에 새롭고 더 쉽고 스마트한 뱅킹 서비스가 생겼으니 잘된 일이지요.

보험

지금까지 보험 분야에서 혁신에 대해 별로 들어본 적이 없는데 이것이 보험업이 혼란을 겪고 있는 것처럼 보이는 이유죠. 머니슈퍼마켓

MoneySupermarket나 고컴패어GoCompare 같은 통합 보험 사이트를 이용해 보셨을 수 있습니다. 기본적으로 데이터와 화면 스크랩 로봇을 사용하여 여러 보험사의 데이터베이스를 검색하여 가장 경쟁력 있는 견적을 냅니다. 일반적인 집주인이나 자동차 소유자에게는 잘 맞지만 아직까지 부동산 투자자의 더 복잡한 요구 사항은 충족하지 못하는 경향이 있습니다. 셰어하우스 소유자나 단기 임대, 다주택 임대인이나 저렴한 상품 이상의 것을 찾는 집주인들이라면 이러한 통합 사이트에서는 답을 찾기 어려울 겁니다.

하지만 보험시장의 판을 흔들고 개선해 보려고 노력하는 개척자들이 있습니다. 언모기지UnMortgage의 레이는 팟캐스트에서 레모네이드Lemonade 이야기를 꺼냈습니다. 이 회사는 미국에 본사를 둔, 임차인과 집주인을 대상으로 하는 보험사로 보험 분야에 행동경제학을 도입하여 불이익보다는 보상에 기반해서 보험료를 책정합니다. 예를 들면 보상금을 청구하지 않아 절감한 비용을 고객과 공유하는 식입니다. 보험에 대한 이러한 새로운 접근법은 꼭 필요한 것이며 수십 년 동안 크게 바뀌지 않았던 산업에 신뢰와 투명성을 가져옵니다. 안타깝게도 레모네이드는 공동설립자가 영국인인데도 향후 몇 년 안에는 영국 소비자들이 이용하지 못할 것 같습니다. 하지만 다른 사람들이 곧 도전하면 좋겠습니다.

2015년에 설립된 영국의 세이프쉐어SafeShare는 로이드 보험사를 인수 보험사로 하여 블록체인 기술을 기반으로 자기 집을 사무실로 임대하려는 사람들을 위한 보험상품을 개발했습니다. 또한 공유경제의 다른 회사에서도 사용하여 비즈니스를 성장시키면서도 위험을 더 잘 관리할 수 있습니다. 블록체인 기반의 비즈니스이므로 뒤의 장에서 더 자세히 살펴보겠습니다.

이전 장에서 세입자 보증보험제도에 대해 언급했지만 여기서 간단히 되짚어 볼 필요가 있습니다. 세입자는 새 집으로 이사할 때 종종 부담이 두 배가 되곤 하는데 예전 집에서 보증금을 돌려받기 전에 새 집에 보증금을 내야 하기 때문입니다. 세입자 보증보험은 이 문제를 해결하고 임대인이 임차보증제도를 처리해야 하는 번거로움도 없애 줍니다. 리파짓Reposit, 딜라이티드Dlighted 및 주플라가 지원하는 제로 디파짓 스킴Zero Deposit Scheme이 모두 이 공간에서 운영되고 있으며 표면적으로 임차인과 집주인 모두에게 윈/윈처럼 보입니다.

쿠바Cuvva는 자동차를 많이 사용하지 않는 사람들이나 예를 들어 친구의 차를 사용하는 경우를 위한 유연한 자동차 보험을 제공합니다. 쿠바 앱을 사용하면 한 시간이나 하루, 일주일, 한 달짜리 보험에 가입하는 데 몇 분밖에 걸리지 않습니다. 이러한 유용하고 혁신적이며 접근하기 쉬운 상품은 혁신기업들이 한 분야와 만나면 무슨 일이 일어날 수 있는지 보여주는 좋은 예입니다. 더 많은 인슈어테크 스타트업과 기존 회사가 참여해서 고객에게 더 나은 서비스를 제공할 수 있는 새로운 방법을 찾기를 바랍니다.

자산 관리, 투자 및 자문

금융 자문 분야도 혁신이 일어나기 좋은 산업이죠. 높은 금융문맹률, 비싼 자문수수료, 과거의 불완전판매 사건들로 인한 낮은 참여도와 신뢰 부족은 모두 기술 기반의 스타트업이 탄생할 수 있는 기반이 됩니다. 저금리 환경에서 고수익 저축의 필요성은 수요 측면에서 이 분야가 혁신하는 또 다른 이유입니다.

일부 영역은 이미 혁신가들, 특히 부동산 보증금을 굴리거나 다양한 자산군과 지역으로 투자를 다각화하는 등 저축을 원하는 사람들을 도우려는 혁신가들의 주목을 받고 있습니다. 예를 들어 휴대폰이나 노트북, 태블릿에서 하그리브스 랜즈오운Hargreaves Lansdowne 같은 투자 플랫폼을 사용하여 단 몇 분 만에 자산관리종합계좌ISA나 개별개인연금SIPP; Self Invested Personal Pension을 쉽게 설정할 수 있습니다. 며칠마다 휴대폰으로 투자를 확인하고 필요할 때는 매매도 할 수 있으니 중독성이 매우 높을 수 있죠! 또 다른 트렌드는 디지털 플랫폼으로 자동화된 자문 대응을 하는 소위 '로보 어드바이저'의 등장입니다. 넛메그Nutmeg가 가장 잘 알려지긴 했지만 점점 더 많은 대체 플랫폼과 앱이 나오고 있습니다. 예를 들어 저는 최근 이 분야에서 스타트업 3개사에 투자했습니다. 머신러닝으로 자산 배분과 포트폴리오를 관리하는 마켓츠 플로우Markets Flow, 지출과 저축 습관을 유지하는 데 도움을 주는 오벌 머니Oval Money, 그리고 소액 투자자에게 다각화된 대규모 포트폴리오에 투자 기회를 제공하는 웜뱃 인베스트Wombat Invest입니다.

마지막으로는, 특히 거액 자산가나 정교한 투자자가 스타트업 및 벤처캐피탈 커뮤니티에 접근할 수 있는 서비스입니다. 킥스타터, 크라우드큐브 및 시디어스Seedrs 같은 사이트는 모두 스타트업 창업자와 잠재적 투자자가 완전히 온라인 포털을 사용하여 만나고 홍보하고 투자할 수 있도록 해줍니다. 예를 들어 벤처캐피탈과 함께 출자할 수 있는 기회를 주는 피아이 랩스 같은 엔젤 투자 사이트가 생겨나고 있습니다.

지금 전통적인 저축 계좌와 현금 ISA의 이자율은 실망스럽습니다. 이제 저축이나 투자를 원하는 사람들에게는 수익률이 더 높은 대안이 많습니다. 기술 덕분에 온라인이나 모바일에서 버튼 몇 개만 터치하면 투자 현황을 눈으로 보면서 이러한 저축 및 투자 플랫폼을 빠르고 쉽고 즐겁게 사용할 수 있습니다. 인공지능과 머신러닝을 추가하면 향후 몇 년 내에 더 나은 투자 결정을 더 빠르고 비용 효율적으로 내릴 수 있게 될 겁니다.

결론

디지털 기술은 다른 모든 삶의 영역과 마찬가지로 핀테크에 더 큰 가능성을 열어주고 있습니다! 지난 18년에 걸친 인터넷의 부상, 특히 지난 5년 동안 모바일 인터넷의 부상으로 더 많은 사람이 더욱 효율적으로 더 많은 금융 서비스를 이용할 수 있게 되었습니다. 이는 물리적 제약이나 지리적 제약을 없애고 더 많은 공급자를 선택할 수 있는 추가적인 혜택과 함께 연중무휴로 고객에게 더 빠르게 다가가고 저렴한 비용으로 서비스를 받을 수 있도록 해줍니다. 젊은 세대, 특히 밀레니얼 세대와 새로 떠오르는 Z세대는 온라인과 소셜 미디어, 모바일과 함께 자랐고 일상생활의 모든 면에서 핀테크의 혜택을 받고 있기 때문에 그들이 전체 인구에서 차지하는 비중이 증가함에 따라 더 많은 기대를 하게 됩니다. 중년과 노년층도 단순하고 비용 효율적이며 사용하기 쉬운 금융 기술을 사용하는 데 관심이 있다는 사실을 과소평가해서는 안 되죠. 그러지 않을 이유가 있겠어요?

기술을 통해 향상된 고객 서비스가 부동산 금융에서 자리 잡기 시작했습니다. 국경을 넘어 모든 것을 디지털로 만드는 연중무휴 서비스가 고객의 인식과 관심을 높이고 있습니다. 고객 서비스가 나아지면서 기존 금융기관과의 경쟁도 심화되고 있습니다. 팟캐스트 게스트인 트러스의 이샨이 인터뷰에서 잘 요약했듯이 극복해야 할 과제가 몇 가지 있습니다. 소비자는 이러한 새로운 기술을 채택하기 전에 교육을 받아야 합니다. 이 분야의 이해관계자들은 충분히 참여하고 협력해야 하며 규제는 기술적으로 변화하는 세상에 대해 합리적이고 민감한 동시에 이를 따라잡아야 합니다. '더 많은 것을 할 수 있다'는 것이 현재 상황이긴 하지만 마찬가지로 기념할 만한 즉각적인 성과와 진전의 이정표, 진정한 혁신도 많이 있습니다.

혁명이 아니라 진화! 우리는 아직 핀테크의 구글이나 아마존, 페이스북을 보지 못했을지 모르지만 최근 페이팔이 아이제틀을 인수한 점을 감안할 때 이러한 대규모 인수합병을 통한 통합의 시작점에 있는지도 모릅니다. 그리고 우리가 언급한 스타트업들 중의 하나가 앞으로 괴물로 변할지 누가 알겠어요? 아마 프로세스 자동화와 고객 접촉 또는 판매와 마케팅에서 핀테크 활동이 가장 많이 보일 겁니다. 하지만 기계는 이를 넘어 다음 단계로 우리를 데려갈 준비가 되어 있다고 확신합니다.

온라인과 모바일 플랫폼 사용이 증가한다는 것은 금융 서비스가 그 어느 때보다 널리 사용될 수 있고 유용하다는 뜻이죠. 우리는 예전보다 훨씬 더 많은 선택지와 옵션을 갖고 있습니다. 이제 우리의 필요와 개인적 관심에 무엇이 가장 적합한지와 함께 어디서 그리고 누구로부터 무엇을 이용할 수 있는지 알아야 합니다. 그것은 전화기로 업무를 볼 수 있게 만들어진 은행일 수도, 은행 지점에 조심스레 접근하는 게 아니라 은행에 대등하게 다가갈 수 있게 해주는 대출 기관일 수도, 지갑 속 모든 카드를 대체할 수 있는 신용 카드 한 장일 수도, 집에서 가깝거나 먼 곳에서 사업을 진행할 때 이용하는 온라인 결제 서비스일 수도 있습니다.

사람과 기계는 점점 더 협력하고 있고 이는 이 책의 핵심 주제이기도 합니다. 기계는 프로세스를 단순화하여 잘 훈련받고 숙련된 사람들이 자신이 잘하는 일에 집중할 수 있도록 해줍니다. 그러나 기계도 점점 똑똑해지고 빠르게 학습하고 있습니다! 삶의 다른 많은 영역과 마찬가지로 핀테크의 가능성은 사실상 무한합니다. 미래가 우리를 위해 무엇을 준비하고 있는지 살펴보는 것은 대단히 흥미로울 겁니다.

그러면 부동산 투자자와 관련된 핀테크에 대해 요약해 보겠습니다. 이 주제를 연구하기 시작했을 때 저는 핀테크를 프롭테크에서 가장 생산적이고 빠르게 변화하는 분야 중의 하나로 보았고 지금도 여전히 그렇게 보고 있습니다. 사물인터넷과 블록체인처럼 다른 기술에서 몇 가지 큰 변화가 있을 수 있는데 아마도 다음 10년의 전반기보다는 후반기에 그렇게 될 것으로 봅니다. 앞으로 5년 안에 핀테크에서 더욱 이목을 끌 진전이 있을 것으로 기대합니다.

7장 블록체인
기 술
암호화폐

제 7장

블록체인 기술과 암호화폐

처음엔 인터넷, 그다음 모바일 인터넷... 기술 플랫폼 혁신의 다음 큰 물결은 블록체인 기술이 될 수 있습니다! 여러분은 이 사실에 놀랄지 모릅니다. 확실히 블록체인을 통해 거래되는 암호화폐는 변동성이 크다는 평판과 범죄성 및 다크웹(역자 주: 접속하기 위해 특정한 프로그램을 사용해야 하는 웹으로서 일반적인 방법으로는 접속자나 서버를 확인할 수 없어 범죄에 활용되곤 함)과의 초기 연계를 통해 강한 의혹을 불러일으키고 있습니다. 하지만 암호화폐를 이용한 투자는 의심할 여지 없이 서서히 주류가 되고 있고 비트코인 평가가치 급등에서 볼 수 있듯 엄청나게 고조된 시장 분위기는 언론과 투자자들 모두에게 확실히 관심을 끌었습니다.

이 책에서 제 연구 중에서 가장 흥미로운 분야들을 이야기했는데, 그 중 하나는 앞에서 언급한 바와 같이 암호화폐 거래의 배후 기술인 블록체인 기술이었습니다. 아마 블록체인은 부동산 거래를 더 안전하고, 더 빠르고, 더 저렴하게 만들 수 있는 잠재력을 가지고 있습니다. 왜냐하면 블록체인 기술은 공급자와 구매자 모두에게 절대적인 투명성을 제공하기 때문입니다. 많은 사람이 블록체인을 단순히 암호화폐, 비트코인과 연관시키겠지만 단순히 전자화폐 거래 플랫폼을 제공하는 것보다 훨씬 다목적이고 다양합니다. 이번 장에서는 블록체인 기술 초기 뒷이야기를 조금 더 알아보고 블록체인 기술의 활용 사례를 통해 어떻게 어디서 부동산산업에서 사용할 수 있는지 살펴봅니다. 만약 당신이 부동산 분야에서 활동하거나 관련이 있는 어떤 종류의 중개인이라면 당신이 원하는 대로 세심한 주의를 기울이거나 아예 도망가서 숨는 것을 원할지도 모릅니다!

이 주제에 관해 생각해 볼 것이 많으니, 몇 가지 정의부터 시작해보시죠.

암호화폐

저는 암호화폐를 설명하는 훌륭한 방법을 미디엄닷컴_{Medium.com}의 비전문가 용어에서 찾았는데, 사과를 예로 들어보겠습니다. 만약 내용 전부를 읽고 싶으시면 아래 각주를 따라 확인하실 수 있습니다만 여기서는 간단히 요약하겠습니다.[1] 당신과 제가 공원 벤치에 앉아 있다고 상상해보세요. 저는 사과를 가지고 있고 당신은 사과를 가지고 있지 않습니다. 저는 사과를 손에 넣어서 당신에게 줍니다. 당신은 지금 사과 하나를 가지고 있고 저는 사과가 없습니다. 우리는 사과 소유권을 이전하기 위해 다른 사람의 도움을 필요로 하지 않습니다. 그러면 이제 그 사과가 디지털이라고 상상해보시죠. 만약 제가 당신에게 디지털 사과 하나를 주고 싶다면? 제가 제 디지털 사과를 다른 사람에게 보내거나 복사하지 않았거나 당신이 실제로 그것을 받았다는 것을 어떻게 알 수 있을까요? 훨씬 더 까다롭겠죠.

누가 디지털 사과를 가지고 있는지, 누가 가지고 있지 않은지를 추적하기 위해서 거래가 기록되는 장부가 필요합니다. 하지만 디지털 세계에서 한 사람이 원장을 관리한다면 디지털 사과를 많이 복사해서 스스로 보관하거나 원하는 다른 사람에게 줄 수 있을 것입니다. 나카모토 사토시라는 베일에 쌓인 인물이 몇 년 걸리기는 했지만 디지털 원장을 안전하게 만드는 방법을 결국 찾아냈습니다. 만약 한 사람이 그것을 조작하지 못하도록 하는 잠금장치가 있는 원장의 복사본이 수천 개 이상이고 지속적으로 확인되고 동기화되고 있다면 이를 조작할 수 있는 방법은 없습니다.

이 시스템은 얼마나 많은 디지털 사과가 있는지 그리고 그것을 누가 소유하는지 정확히 알고 있습니다. 사과는 비트코인, 이더리움Ethereum, 블록체인 기반의 분산 컴퓨터 플랫폼 등이나 그와 같은 암호화폐 단위들의 일부분, 또는 토큰, 또는 심지어 재산과 같은 자산입니다. 또한 디지털 사과에 계약서(예: 스마트 계약으로 알려짐)나 주식 증명서, 신분증 등의 정보를 첨부할 수 있고, 이러한 자산을 양도할 때 거래가 안전하게 몇 초 안에 이루어지며, 이미 많은 사람이 이 정보를 블록체인에서 자동으로 처리하고 이를 검증하기 위해 중개인이 필요하지 않다는 점입니다. 이러한 블록체인은 기본적으로 감독과 확인을 동시에 수행합니다.

위의 설명에서 언급했듯이 블록체인은 디지털 자산을 물리적 자산처럼 행세하게 만드는 백엔드 인프라입니다. 이는 디지털 거래가 안전하게 이루어질 수 있도록 합니다. 블록체인과 부동산에서의 블록체인 사용에 대해 자세히 알아보기 위해 더 프로퍼티 보이스에서 야콥 드라자즈가를 인터뷰했습니다. 야콥은 베를린에 본사를 둔 블록체인 기반 부동산 개발 펀드인 브릭블럭(BrickBlock)의 CEO입니다. 그는 블록체인을 '큰 데이터베이스로 기록되는 거래'라고 표현했는데 제가 지금까지 들은 것들 중에서 가장 간단한 설명입니다!

블록체인이란 무엇인가?

야콥의 설명과 디지털 사과 비유처럼 블록체인은 거래를 기록하는 분산된 원장이라고 할 수 있습니다. 제이콥이 말한 큰 데이터베이스 말이죠! 그러나 블록체인도 본질적으로 컴퓨터 프로그램이기 때문에 컴퓨터 언어를 사용하여 암호화할 수 있다는 것을 의미합니다. 그리고 코딩을 할 수 있기 때문에 IFTTT(If-This-Then-That) 타입의 논리를 사용하여 특정 규칙과 조건에 근거한 행동을 실행하도록 프로그래밍할 수 있습니다.

여기 몇 가지 간단한 예가 있습니다.
'만약 기름 한 통의 가격이 50달러 이하로 떨어진다면, 그 다음에 만 배럴을 사라.'

'만약 단기 투숙객이 우리 은행 계좌에 1,000파운드의 자금을 입금했다면, 그럼 그들에게 우리 아파트로 가는 출입구 코드를 주어라.'

또는 좀 더 복잡성을 더하기 위해,

'온라인 경매 마감일이 지났고 최고 입찰가가 예비가보다 높을 경우, 최고 가격 입찰자에게 부동산을 매각한다.'

이것은 '스마트 계약'이라고 알려진 것을 가능하게 하는 논리인데 특정한 규칙과 조건들이 충족되는 것을 바탕으로 블록체인에서 자동으로 실행되는, 거래의 디지털 기록입니다. 대부분의 블록체인은 일부 개인 장부가 있긴 하지만 많은 수의 장부가 공공 장부로 공개되어 있으며 현재와 과거의 모든 거래에 대한 특정 세부 사항을 대장에 공개적으로 명기합니다. 암호화의 사용을 통해 해독이 불가능하도록 코드로 강력하게 숨겨서 민감한 특정 정보가 공개되지 않도록 보호할 수 있습니다.

이러한 스마트 계약 개념은 1994년 닉 사보 덕분에 생기게 되었습니다. 닉 사보, 그리고 아마도 더 유명할 것 같은 나카모토 사토시 등은 비트코인을 포함한 암호화폐의 창시자였던 소위 암호학자였습니다. 가장 단순한 수준의 비트코인은 블록체인을 이용해 한 당사자에서 다른 당사자로 디지털 화폐를 이전하거나 거래한 기록으로, 블록체인 기술의 첫 번째 실용적인 적용 사례 중의 하나에 불과합니다. 야콥이 인터뷰 중에 설명했듯이 기술의 추가 적용은 여전히 알파와 베타 모드, 즉 초기 실험 단계이거나 기술의 최초 사용 또는 공개roll-out 상태에 있습니다.

그러나 이는 재산과 관련된 블록체인 기술의 초기적인 활용 사례 중 몇 가지에 불과합니다.

암호화폐 사용 결제

2014년 카이 캐피털Cai Capital은 비트코인으로 가격이 책정된 자산을 매각한 첫 번째 기업으로 확인됐습니다.[3] 2017년 두바이의 녹스 그룹 오브 컴퍼니즈Knox Group of Companies라는 개발업체가 두바이의 아파트 분양권 대금을 비트코인으로 받겠다고 발표했습니다.[4] 2017년 말 영국 개발사인 고 홈즈Go Homes는 실제로 암호화폐를 사용해 세계 최초로 집을 팔았다고 주장했고[5] 설령 그렇지는 않더라도 적어도 유럽이나 영국에서는 최초라고 주장하였습니다. 또 지난해 주택 공급 업체인 더 콜렉티브The Collective가 비트코인으로 임대료를 받겠다고 발표한 바 있습니다.[6] 이들은 모두 블록체인 기술을 암호화폐나 결제 형태로 사용한 사례로, 디지털 화폐가 블록체인 기술의 첫 번째 실제 적용 사례 중 하나라는 점을 감안하면 그리 놀라운 일은 아니겠죠. 우리가 인용할 수 있는 다른 사례가 있을까요? 틀림없이 있을 겁니다!

재산 교환 플랫폼

클릭투퍼체이스ClickToPurchase라는 플랫폼은 블록체인이 가능한 온라인 자산 교환 플랫폼에서 2억 파운드 이상의 자산을 거래했다고 합니다.[7] 이러한 종류의 플랫폼은 판매업자가 투명한 기록이나 블록체인에 기록된 정보로 전자서명을 사용하게 하여 검증되고 신뢰할 수 있는 거래자들 간의 거래를 통해 신속성과 신뢰를 가질 수 있게 합니다.

부동산 거래 및 자금 조달 플랫폼

브릭블럭Brickblock, 하버Harbor[8], 트러스트미TrustMe[9], 도미늄Dominium[10], 피아이랩스Pi Labs가 지원하는 프롭코인PropCoin[11] 등은 모두 거래되는 부동산을 포함한 자산담보 토큰을 거래할 수 있는, 블록체인 거래 플랫폼의 예입니다. 제이콥은 부동산 투자자로서 몇 년 후에 브릭블록을 시작했습니다. 그는 정기적으로 계약자들로부터 그들을 대신해서 부동산에 투자해줄 수 있는지에 대한 질문을 받고 있다는 것을 발견했습니다. 또한 계약자들은 부동산과 같은 유형 자산에 암호화폐를 사용해 투자하는 방법을 찾는 데에도 관심을 가졌습니다. 투자자들은 이더리움 암호화폐를 구입하고 브릭블록 웹사이트에 나와 있는 부동산이나 부동산 회사의 주식을 살 수 있습니다. 최소한의 거래 금액도 요구되지 않고 중개인도 필요없으며, 부동산이나 투자자가 세계 어디에 있든지 부동산 거래가 완료되는 데 몇 주나 몇 달이 아니라 그저 몇 초 아니면 몇 분밖에 걸리지 않습니다. 정말 멋진 신세계죠!

이를 통해 부동산과 기타 자산이 뒷받침하는 자산담보 디지털 토큰을 사용하여 대중에게 상당한 규모의 부동산 거래에서의 '부분 소유권' 개념을 열어줍니다. 부동산 시장의 이러한 '토큰화'는 부동산에 투자하는 방식에 혁명을 일으킬 수 있는 잠재력을 갖고 있습니다. 만약 런던 부동산에 투자하고 싶다면 수십만 파운드 혹은 그 이상을 찾아야 합니다. 게다가 그 돈 중에서 일부는 몇 달이나 몇 년 동안 돌려받을 수 없을테니 부동산에서 토큰화의 이점은 명확해질 것입니다. 이는 부동산 투자에 유동성을 가져오며, 사람들이 세계 반대편에서 연중무휴로 얼마가 되었든 마음대로 투자하게 해주고, 그들이 원할 때 언제든지 그 돈을 인출할 수 있게 해줍니다. 그것은 또한 부동산 자산 일부 지분의 대체기금 조성 기반과 2차 재판매 시장을 제공합니다. 전 세계에 있는 여러 마이크로 투자자로부터 당신의 다음 개발사업을 위한 자금을 마련하거나, 아니면 쇼핑센터의 일부분에 1,000파운드 정도의 적은 돈을 투자하는 것을 상상해 보세요.

임대 매물 리스팅 및 관리 플랫폼

렌트베리는 블록체인 기술을 기반으로 장기 임대 매물 리스팅 및 거래 서비스를 제공하는 미국 기업입니다.[12] 스마트 계약을 기반으로 임대 부동산의 입찰 및 시행 과정을 완료할 수 있게 합니다.

흥미롭게도 여전히 부동산 임장이나 오프닝 데이가 있는데, 이것은 이 기술이 온라인과 오프라인 상호 작용 사이의 하이브리드로서 어떻게 진화할 수 있는지를 잠재적으로 부각해 기술에 대한 신뢰를 구축하는 데 도움을 줄 수 있습니다. 도중에 알아채셨는지 모르겠지만 계약에서 프로세싱을 하는(데이터 처리를 하는) 기계와 숙련이 더 필요하거나 사람 사이의 일을 관리하는 사람과의 온-오프라인 하이브리드 상호 작용은 프롭테크의 오랜 주제입니다.

토지 등록

시카고의 쿡 카운티는 2016년에 '벨록스 RE'라는 스타트업과 함께 토지 등기 기록에 블록체인을 활용한 부동산 거래를 기록하는 시범 프로그램을 고안했습니다. 그 이후로 미국의 많은 다른 주와 다른 국가들은 그들을 따라 블록체인 토지 등기 기록을 테스트했습니다.   영국에서는 HM 랜드 레지스트리가 블록체인의 기능을 테스트할 '디지털 스트리트'를 만들었습니다. 토지등기용 블록체인을 잘 사용하는 방법은 대부분의 토지등기소가 이미 하고 있는 것처럼 ID번호를 각 부동산에 부여하는 것이 될 것입니다.[13] 점차 거래가 증가함에 따라 부동산 블록체인 대장에 더 많은 항목이 추가되겠죠. 만약 거래 조건이 충족된다면 판매와 구매는 여전히 대리점을 통해서뿐 아니라 흥미롭게도 스마트 계약을 통해서도 자동으로 이루어질 수 있습니다. 야콥 드라자즈가와의 인터뷰에서 알게 된 바와 같이, 랜드 레지스트리Land Registry와 블록체인은 믿을 수 없을 정도로 서로 잘 맞아떨어졌기 때문에 이것이 가장 빨리 진전된 부동산 분야 중의 하나라는 점은 놀랄 일은 아닙니다. 하지만 다음엔 어디로 갈까요? 그 밖에 블록체인을 활용하기에 적합한

부동산의 다른 분야와 관련 산업은 다음과 같습니다:

보험 - 블록체인 기술은 고객 검증, 보험 인수 및 보험금 청구 처리 등 보험 분야의 몇 가지 측면을 간소화하는 데 도움을 줄 수 있습니다. 2018년 아이비엠 IBM 보고서[14]는 특히 사기 탐지 및 예방 분야에서 블록체인을 기반으로 한 기술이 "보험산업을 획기적으로 개선할 수 있다"라고 밝혔습니다. 블록체인이 분산원장이라는 것은 해킹, 부패, 변조 등 원장의 복사본이 단 한 장도 없다는 것과 동시에 수천 권의 복사본이 서로 지속적으로 확인되고 검증된다는 것을 의미합니다. 신뢰와 항상 밀접하지는 않은 산업에서조차 많은 사람이 검증한 흑백의 진실이 있기 때문에 블록체인의 기술은 '~이라면', '하지만~', '만약에~' 등을 없앨 수 있습니다.

법무 - 거래는 본질적으로 판매자로부터 구매자에게 특정 부동산과 관련된 정보를 교환하는 것입니다. 이 모든 것은 현재와 같이 평균 몇 개월이 아니라 블록체인을 통해 몇 초 만에 분산형 데이터베이스에 저장할 수 있으며 액세스, 전송 및 정확한 변경이 가능합니다. 마찬가지로 블록체인의 컴퓨터 프로그램에 의해 식별되고 문서화가 검증될 수 있다면 공증인이 전혀 필요하지 않을 수도 있습니다. 행복하게도 영국에서 가장 눈에 잘 띄는 'When You Move'를 포함한 프롭테크 스타트업은 구시대적이고 불투명한 거래 과정을 몇 달도 아닌 단 몇 초로 줄이려는 목표를 가지고 있습니다. 저는 부동산을 양도하는 방식이 수십 년 동안 변화하지 않았다는 점이 답답합니다. 영국에서 부동산 판매가 성사되지 못했던 사례의 원인 중 30%가량이 거래 지연 문제였습니다. 프롭테크가 마침내, 그리고 조만간에 부동산 거래에 오랫동안 기다려온 변화를 가져다 주길 바랍니다.

부동산 금융 - 일련의 규칙과 조건을 프로그래밍하고 그에 따르기만 하는 것이 아니라면 부동산 금융이란 무엇일까요? 물론, 우리는 '컴퓨터가 아니라고 말했기 때문이다'고 농담할 수도 있지만, 그것은 본질적으로 오늘날 이미 많은 금융 보험 인수 시스템이 대출을 처리하는 방식입니다. 모든 조건을 프로그래밍하고 확인할 수 있다면 대출이나 담보대출은 블록체인의 스마트 계약을 이용해 몇 초 만에 자동으로 승인되고 실행될 수 있습니다. 이러한 조건들로 인해 사람은 심층적인 검토와 관련된 업무만 처리하면 될 것입니다. 또한 시간과 비용을 절약하게 될 것이며 고객들이 더 좋고, 더 빠르고, 더 저렴한 서비스를 받을 것이라는 사실을 의미합니다.

정부, 준법 감시 및 공공/개인 기록 - 블록체인으로 모든 임대권이 자동으로 체크되는 것은 어떨까요? 네, 블록체인에 신분 정보를 저장하면 실현할 수 있습니다. 아니면 여러 신용기관이 수수료를 청구하는 대신 신용정보와 이력을 한 중앙 저장소에 저장하여 즉각 접속할 수 있게 하는 것은 어떨까요? 이런 것들이 블록체인이 우리에게 가져다줄 수 있는 이점입니다. 핀테크장을 다시 생각해보면 인터뷰 대상자들 몇 분이 제기한 주요 불만 중의 하나는 지원서 양식에 개인 정보를 반복해서 입력해야 한다는 것이었습니다. 신원에 대해 논쟁의 여지가 없는 확실한 정보 출처를 신속하게 무료로 이용할 수 있게 되면 검증된 세부 사항으로 양식을 미리 채우는 것이 훨씬 쉬워질 테이니 시간과 짜증을 줄일 수 있겠지요. 다음으로 기술을 결합하는 것이 어떻게 향상된 기능을 가져올 수 있는지 생각해 봅시다.

사물인터넷 – 원격 기기가 자동으로 블록체인을 기록·작동할 수 있는 정보로 채운다고 상상해 보세요.

인공지능 – 그런 다음 인공지능을 사용하여 블록체인에 저장된 정보를 기반으로 작업을 실행한다고 상상해 보세요. 이것은 본질적으로 스마트 계약이 이미 하고 있는 일이고, 단순한 규칙 기반의 스마트 계약을 넘어 또다른 고도화된 단계입니다. 예를 들어 당신은 다음으로 뜨는 부동산 장소를 어떻게 선택할 것인가… 거리 수준 단위까지 실시간으로 말이죠. 이런 것들이 실현될 수도 있습니다.

스마트 계약은 시설관리 같은 서비스에도 도움이 될 수 있습니다. 야콥 드라자즈가는 팟캐스트 인터뷰에서 훌륭한 예를 보여주었습니다. 만약 도로에 눈이 내린 것을 센서가 포착하면 시설관리자에게 이 정보가 자동 전송돼 도로 청소를 할 계약업체를 정하고 블록체인을 통해 결제할 수 있게 해줍니다. 보시다시피 위의 예처럼 이 책에서 다룬 몇 가지 주제 간에 상당한 교차점cross-over이 있다는 사실을 알 수 있습니다. 사물인터넷Internet of Things이 가능하게 하는 기상센서, 인공지능이 자동화하는 작업들, 그다음 블록체인을 이용한 디지털 결제가 바로 그것입니다. 그렇다면 블록체인 기술의 주요 장단점은 무엇일까요?

장점

속도

어떻게 15초 동안 거래를 안전하게 처리할 것인가? 그러나 특정 플랫폼을 통해 암호화폐의 전송을 시도한 적이 있다면, 현실에서 항상 전송 속도가 15초 이내로 구현되는 것은 아니며, 예를 들어 즉각적인 거래가 요구 사항이라면 문제가 될 수 있습니다.

하지만 몇 달이 걸리는 담보 대출 과정과 송금을 생각해보면 15초면 매우 빠른 것처럼 들리죠. 그렇지 않나요?

중개인을 거치지 않는 거래를 통한 비용 절감

중간 업체를 잘라내거나 프로세스의 비효율성을 없애면 수수료 및 처리 시간이 단축되어 비용이 절감됩니다.

개방성, 투명성, 정확성

분산된 장부는 모든 거래의 공공 기록이며 정보의 정확성을 검증한 후 정보를 변경하기 위해서는 여러 가지를 검증해야 합니다. 원장의 배포는 500명에게 이야기를 해주는 것에 비유할 수 있습니다. 시간이 흐르면 이야기는 실수로든 고의적으로든 종종 바뀌곤 합니다. 하지만 블록체인에 대해서는 모두가 정확하게 같은 이야기를 하고 있기 때문에 499명이 하나의 버전version을 말하고 있는데 나머지 한 사람이 자신의 목적을 위해 바꾼 것이라면 누구의 잘못인지 명백하지요. 이는 거래할 때 더 많은 신뢰로 이어지는데, 당신은 당신과 거래하는 상대방이 누구인지를 정확히 알 것이고 그 상대방이 팔고자 하는 것을 실제로 소유하고 있다는 사실을 블록체인을 통해 알 수 있기 때문입니다. 이는 플랫폼이 아직 완전히 제거하지 못해서 서비스형 숙박 사이트에 올라오곤 하는 사기성 숙소 같은 신용 사기를 근절하는 데 도움이 될 것입니다. 부동산과 금융 부문은 복잡성과 불투명성을 만들어 내는 데이터 저장소와 중개인 계층으로 가득 차 있습니다. 만약 어떤 것이 복잡하고 불투명하다면 위험이 발생합니다. 블록체인의 개방적이고 투명하며 정확한 정보가 보안과 속도, 효율성을 만들어 낼 수 있기를 바랍니다.

자동화

규칙과 조건은 거래와 계약이 자동으로 실행될 수 있다는 것을 의미하며, 이는 확실성을 제공합니다. 거래는 관련 조건이 충족되어야만 이루어지기 때문에 만족스러운 조사, 신원 확인 및 자금 수령은 당연한 일이 될 것입니다.

국경 없는 거래

블록체인은 국제 결제와 부동산 거래를 훨씬 쉽고 빠르게 할 수 있게 만듭니다. 중개인 제거, 정보의 확실성, 규칙과 조건, 그리고 속도가 모두 결합되어 국제 스마트 계약 실행을 위한 훨씬 유리한 조건들을 만듭니다.

단점

에너지 사용량

지속적으로 장부를 검증하기 위해 전기를 많이 사용해야 한다는 것을 암호화폐에서 확인했는데, 더 광범위한 블록체인에서 전기 사용이 지속 가능하고 또 필요할까요? 고맙게도 그렇지는 않습니다. 하지만 일부 관련이 있는 것은 블록이 블록체인을 통해 여러 다른 당사자에 의해 여러 번 반복된다는 사실인데, 이는 일종의 활동, 데이터, 그리고 그에 따른 작업량 및 에너지 사용량의 중복입니다.

소유권

모든 사람이 블록체인을 소유하거나 반대로 아무도 소유하지 않으면 정말 말하기 어렵습니다! 그렇다면 누가 이 법안을 발의하고 분산화된 시스템을 개발하는 것을 통제할까요? 블록체인은 정부와 은행을 우회해 네트워크에 의해 검증됩니다. 그렇다면 정부와 은행은 어디에 관여할까요? 앞으로 이 질문들이 어떻게 결론 날지 지켜보는 것은 정말 흥미로울 겁니다.

신뢰

긍정적인 면이 있어야 하지만 지금은 아닙니다! 분산된 개인 정보

저장소라는 아이디어에는 더 나은 설명이 필요합니다. 블록체인의 뒤에 암호화폐를 숨기는 보호시스템으로 인해 특정한 정보만 공유되므로 사적인 세부 정보가 공개되는 것과는 다릅니다. 그러나 여전히 이러한 개인 정보 보호에 민감한 시기에는 개인 데이터와 사적인 정보가 안전하고 견고하게 저장되도록 해야 합니다. 블록체인에 대한 사이버 공격 몇 건이 세간의 이목을 끌었는데 대부분이 디지털 화폐 거래였으며 암호화폐에서 수백만 불의 손해가 발생했습니다. 비록 도둑들은 그 가치의 아주 일부에만 접근할 수 있었을테지만요. 확실히 새로운 기술은 사기꾼과 범죄자들이 무고하고 순진한 소비자들에게 사기치는 새로운 방법을 열어줍니다. 암호화폐와 블록체인이 신기술이기 때문에 현재로서는 악용될 때만 코드 보안의 허점이 발견되고 있습니다. 정부와 법 집행 당국도 블록체인이 어떻게 작용하며 앞으로 어떻게 사용될지에 대해 머리를 맞댈 필요가 있고 신용 사기나 사기를 치는 행위를 예방하기 위한 안전장치를 만들어야 할 것입니다.

저항

은행과 정부를 포함한 현재의 상황은 블록체인에 의해 위협을 느낄 수 있습니다. 그러나 낮은 적용low adaption 은 오히려 일반 국민들의 반발이 있을 수 있습니다. 거래 플랫폼과 저장 지갑storage wallets이 어떻게 암호화폐를 실제로 저장하는지 안다면 그것이 작동하는 게 간단하지 않으며, 블록체인이 광범위하게 주류의 승인과 채택을 받기 전에 필요한 변화가 있다는 것을 알게 될 것입니다.

복잡성

비트코인을 구매하거나 비트코인과 연관성이 있는 것들을 구매하려고 시도해 보았다면 신용 카드를 긁거나 온라인 지급포인트로 결제하는 것만큼 간단하지 않다는 것을 깨달을 수 있습니다! 광범위하게 관심을 받고 채택되려면 접근성을 크게 단순화할 필요가 있습니다. 이는 비단 암호화폐뿐 아니라 블록체인 기술을 광범위하게 적용하는 데도 해당합니다.

이 책을 위한 연구 과정에서 제가 이야기를 나누거나 들은 사람들 중의 상당수가 블록체인의 잠재력을 인정해 주었습니다. 그러나 또한 아주 빨리 세상을 바꿀 준비가 된 일상적인 기술과는 거리가 멀다고 지적했습니다. 사실 논평가들의 대부분이 가장 큰 변화가 지금으로부터 5~10년 후에 올 것이라고 주장하고 있으니 블록체인은 여전히 주류에서 벗어나 있지요. 그렇지만 저는 블록체인이 갑자기 인기를 얻더라도 놀라지는 않을 겁니다. 인터넷이 어떻게 생겨났는지 살펴보면 연구기관과 대학이 보다 쉽게 소통할 수 있도록 돕기 위한 네트워크로서 만들어졌습니다. 이를 대중화한 '킬러 앱killer app'이 바로 이메일이었습니다. 하지만 인터넷이 생기고 수십 년이 지나면서 미디어와 광고 분야를 완전히 바꿔놓았습니다. 블록체인은 이와 비슷하게 금융과 부동산 분야를 교란할 수 있는 잠재력을 가지고 있으며, 어쩌면 비트코인은 그 이면에 있는 시스템과 그것이 제공하는 잠재력을 주목하게 한 '

킬러 앱'일지도 모릅니다.

저는 개인적으로 우리가 제대로만 한다면 블록체인이 인터넷만큼 커질 수 있다고 믿습니다. 만약 블록체인이 뿌리를 내린다면 부동산 투자와 개발 활동들, 일반적인 직장 및 사업 활동들, 그리고 개인생활이나 가정 생활도 개선할 수 있는 엄청난 잠재력을 가지고 있습니다. 그저 작은 불씨일지 몰라도 어떻게 전개되는지 지켜봅시다.

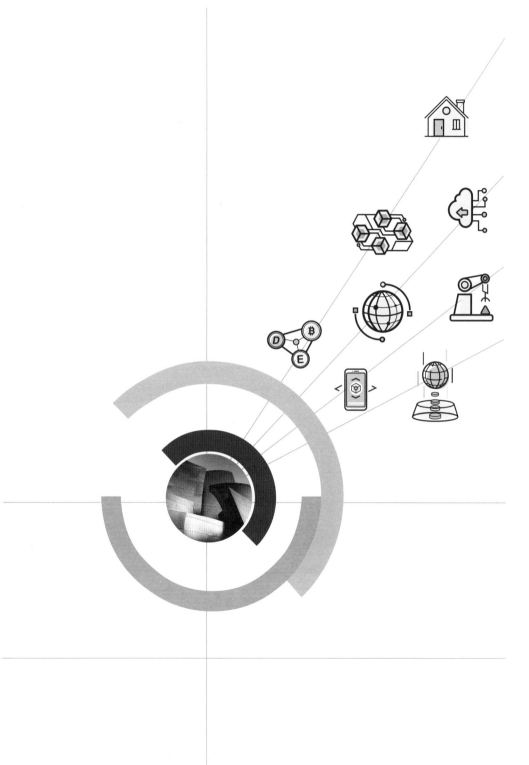

8장 학습과 진보

에 드 테 크

제 8장

학습과 진보(에드테크)

　저는 더 나은 부동산 투자자가 되기 위해, 또는 부동산 투자와 관련된 더 나은 사람이 되기 위해 제 자신이 지속적으로 학습해야 한다고 굳게 믿습니다. 우리가 살아가고 있는 정치, 사회, 경제, 기술 환경은 끊임없이 변화하고 있기 때문에 학습과 개발은 부동산 사업에 대한 불가피한 위협을 최소화하면서 우리에게 오는 기회를 최대한 활용하는 데 도움을 줄 수 있습니다. 이 장에서는 교육 기술 또는 에드테크가 부동산 분야의 교육에 어떤 영향을 미치고 있는지 살펴보고, 온라인이든 오프라인이든 부동산에 대해 더 많이 배울 수 있는 몇 가지 가장 좋은 방법에 대한 방향을 제시하고자 합니다. 우선 우리가 어떻게 배우는지에 대한 개괄적인 내용과 지능의 다른 형태들에 대해 살펴보시죠. 우리는 모두 다르고, 학습과 발전에 있어 '하나의 사이즈가 모두 들어맞는다'는 것은 없습니다.

제가 학교와 전문대학, 대학교에 갔을 때, 그리고 심지어 대학원을 졸업한 후 공부를 할 때에도 가장 일반적인 두 가지 교육기법 혹은 학습 방법을 사용해 대부분 가르침을 받았습니다. 언어적인 것과 논리적인 것이었지요. 이는 교실 공부, 교과서, 참고서, 반복학습, 그리고 마침내 수준을 평가하기 위한 시험을 통해서였습니다. 이제 상황이 변하기 시작하고 조금 달라 보이기 시작한다는 것을 알지만 적어도 주류 학계는 아직 느려 보입니다.

하지만 제 막내딸은 최근 런던대학교의 응용의학 학위 과정에 합격했습니다. 이 학교는 온라인 교재 활용, 업계 실무자와의 실용적인 세션들, 대학 강사와의 대면 학습 등 몇 가지 대안적 교수법으로 앞장서고 있는 것으로 보입니다. 저는 이것이 선진적이고 혁신적이라고 믿습니다 - 적어도 영국에서는 말이죠!

우리가 학교에서 가장 많이 접해왔던 두 가지 유형뿐 아니라 7가지 학습 유형이 더 있다고 합니다. 우리는 대체로 몇 가지에만 호감을 가질 것 같고, 특히 지배적인 학습 방식에 호감을 가질 것 같으니 자신이 선호하는 학습 유형이 무엇인지 이해하는 것이 좋습니다. 다음의 항목들이 참고가 될 것입니다.

시각적(공간): 그림, 이미지, 공간적 이해를 사용하는 것을 선호합니다.

청각적(오디오-뮤지컬): 사운드와 음악을 사용하는 것을 선호합니다.

언어적(언어적): 말할 때와 글쓸 때 모두 단어를 사용하는 것을 선호합니다.

물리적(운동 감각적): 신체, 손, 촉각의 사용을 선호합니다.

논리적(수학적): 논리, 추론, 시스템을 사용하는 것을 선호합니다.

사회적(인간상호적): 집단으로 또는 다른 사람들과 함께 배우는 것을 선호합니다.

독자적(개인 내적): 혼자 일하는 것과 독학하는 것을 더 좋아합니다.

※ 출처: https://www.learning-styles-online.com/overview/

다시 말해 시각적으로 배우는 것을 선호한다면 비디오, 인포그래픽 infographics, 그리고 다른 이미지 기반의 학습 보조도구를 통해 더 잘, 더 빨리 배울 수 있을 것입니다. 대조적으로 신체적인 학습 스타일을 선호하는 누군가를 예를 들면, 그들은 소매를 걷어 올리고 바로 뛰어들어서 실제로 직접 해보고 싶어 할 것입니다.

다르게 말하자면, 현재의 에드테크는 학교나 대학보다 더 많은 학습 유형을 다룰 수도 있지만 여전히 모든 유형을 다 다루는 것은 아닙니다. 하지만 우리는 자신이 선호하지 않는 유형에 맞도록 자신의 능력을 개발할 수 있고, 사실 주류 교육 시스템에서 살아남기 위해서 어떻게든 그렇게 했어야 했습니다. 또는 만약 여러분이 고군분투하는 이유를 모르고 있다면 아마도 지금도 그렇게 어떻게든 하고 있는 것이겠지요. 따라서 만약 '직접 해보는 것'이 '뭔가를 읽는 것'보다 더 낫다고 느끼면, 이는 단지 여러분의 학습 유형과 선호일 뿐 아무런 문제가 없다는 것을 이해하고 인식할 수 있을 것입니다!

지능의 형태

제가 대학에 갔을 때, 친구 한 명이 다소 내성적인 동급생에게 자기 여동생에 대한 수다를 떨고 있었습니다. 그녀는 학교를 떠나 미술을 공부하기로 선택했는데, 갑자기 그 동급생이 "걔는 왜 대학에 갈 만큼 똑똑하지 않니?"라며 무례한 반응을 보였습니다. 그 무지와 무례함에 대한 분노로 제 피가 끓었던 것은 차치하고, 그 말은 명백히 틀렸습니다! 다시 한번 말하지만, 사실 9가지 다른 형태의 지능이 있으나 우리의 학문 시스템은 그중 일부만을 매우 선호합니다.

발달 심리학자 하워드 가드너Howard Gardener가 설명한 9가지 다른 형태의 지능, 즉 '스마트Smarts'가 여기에 있습니다.[1]

자연주의자(자연주의 스마트)

뮤지컬(사운드 스마트)

논리-수학적(숫자/추론 스마트)

실존주의(라이프 스마트)

대인관계(사람 간 스마트)

신체-운동 감각적(신체 스마트)

언어적(단어 스마트)

개인 내적(셀프 스마트)

공간적(그림 스마트)

제 대학 친구의 여동생은 아마도 여러 다른 지능 중에서 그림 스마트인 것을 분명히 알 수 있을 것입니다. 우리는 모두 학습 스타일과 지능 형태를 혼합해서 가지고 있는데, 이는 각자의 학습과 개발 욕구를 서로 다르게 만들고 어떤 방법이 다른 방법보다 개개인에게는 더 효과적일 수 있다는 것을 의미합니다.

이 책을 읽고 있다는 사실에 비추어 보면 당신은 적어도 언어 학습 방식에 대한 부분적인 선호가 있고 또한 언어 스마트일 수도 있습니다! 어쩌면 단지 누군가가 말한 대로 해야 한다고 자신을 강요하고 있는 것일지도 모르죠! 하지만 아마도 현실에서는 몇 가지 학습 선호와 지능 형태들을 가지고 계실 겁니다. 따라서 앞서 말한 것처럼 시간을 두고 그것을 알아낸 다음, 가장 강점인 지능 형태 그리고 가장 배우고 싶어 하는 방법에 맞는 학습 도구들, 자료들 및 기타 학습 보조 기구들을 찾아보세요. 저는 순리에 따라 가는 것에 대한 믿음이 있긴 하지만 자신을 훈련하고 다른 스타일에 적응하는 것도 가능하지 않을까요?

학습 형태

방금 학습 스타일과 '스마트' 요소를 살펴 보았는데, 우리가 채택할 수 있는 가장 일반적인 학습 방법은 무엇일까요? 음, 저는 다음과 같은 네 가지 큰 방법, 즉 4S 학습 방법을 알아보았습니다.

독학(Self-Study) - 본질적으로 '우연한 발견', '자료 취합', '구글 검색' 또는 '알렉사의 물어보기'와 같은 유형의 방법은 책, 잡지, 포럼, 팟캐스트, 비디오 채널과 같은 다양한 학습 방식을 선택할 수 있게 해줍니다.

체계적 학습(Structured learning) - 정규 수업, 과정, 프로그램, 대학 및 학위 과정, 전문 교육 등

따라하기(Shadowing) - 도제시스템, 멘토링, 조인트 벤처 및 기타 형태의 '관찰적 학습' 또는 제3자 지도

직접 체험(Sink or Swim) - 4번째 S입니다! 이는 바로 뛰어들어서 직접 체험하는 학습 방식입니다. 그러나 현실에서는 에드테크가 아닐 수도 있으니, 이것을 대신 '현장 또는 프로젝트' 교육이라고 생각해 보세요.

말한 바와 같이, 에드테크는 네 번째 요소를 직접적으로 언급하지

는 않을 것 같지만 그것을 북돋는 데 사용할 수 있을 겁니다. 예를 들어, 헤인즈 매뉴얼을 읽고 나서 자동차의 브레이크를 바꾸거나 레시피를 보고 손님들을 위해 당신의 시그니처 요리를 준비하는 것과 같은 방법으로 말이죠. 무슨 말인지 이해하시죠?

70-20-10 원칙

제 아내는 고위 인사 전문가인데 70-20-10 원칙을 자주 이야기합니다.[2]

본질적으로 학습모델은 다음과 같이 나누어집니다:

70%: 경험이나 현장교육으로

20%: 발전적 관계, 또는 멘토링 및 네트워크 등을 통한 '사회적 학습'으로

10%: 자기주도학습 또는 자기학습 등 공식적인 수업 활동 및 교육으로

주로 기업 환경에서는 학습 및 개발 형식의 균형을 선택합니다. 물론 우리 대다수는 부동산 투자자나 디벨로퍼로서 기업적 상황(부동산 관련 업무가 전일제 업무나 사업인 경우)에 있지 않겠지만 있을 수도 있습니다. 예를 들어 낮에는 세를 주는 대리점, 조사관 또는 프로젝트 매니저였다가 밤에는 예리한 자산 투자자가 되는 것과 같은 것도 관련

이 있을 것입니다. 그러나 70-20-10 원칙은 당신이 가장 많은 이익을 얻고 결정적으로 가장 많은 지식을 적용할 수 있는 학습모델에 관한 유용한 지침입니다.

하지만 시작할 때 먼저 머릿속으로 생각해봐야 할 것이 있습니다. 예를 들어 대학교나 전문대학에 가는 사람들은 실제 상황에서 이론을 실행하기 위한 직업을 갖기 전에 전형적으로 2년 내지 4년 간 공식적이고 사회적인 학습에 투자하게 되지요. 그러므로 출세 지향적인 부동산 투자자와 디벨로퍼에게는 부동산 거래에 뛰어들기 전에 집중적으로 습득해야 할 지식을 쑤셔 넣어야 할지도 모릅니다.

앞서 언급했듯이 우리의 학습 유형도 한몫을 하고 있습니다. 어떤 사람들은 직접 해보면서 가장 잘 배우고, 또 어떤 사람들은 관찰을 통해 가장 잘 배우고, 말하거나 듣거나 질문하거나 토론하면서 가장 잘 배우는 사람도 있고, 문제와 사례 연구를 하면서 가장 잘 배우는 사람들도 있습니다. 즉, 어떤 사람에게 잘 맞을 수 있는 학습 유형이 또다른 사람에게는 잘 맞지 않을 수도 있다는 것입니다. 아마 마지막 몇 문장만으로도 자신의 학습 유형을 추측할 수 있을 겁니다!

배움의 대가

언급하고 싶은 다른 요점은 지식을 습득하는 비용이나 가격인데 아마도 바로 어떤 얘기인지 떠오를 만큼 분명하지는 않은 분야입니다. 우리가 배우는 모든 것에 비용이 붙거나 심지어 비용을 지불하더라도 그 문제에 대해 배우지 못하는 경우도 있습니다. 학습·개발의 실제 가격 등 금전적인 문제일 수도 있고 우리의 경험 부족으로 잃어버린 이익, 즉 '기회비용', 시간 투입, 시작 전의 시간 지연 등일 수도 있습니다. 어쨌든 학습에 대해 지급해야 하는 대가는 항상 따릅니다.

저는 배움에 어느 정도는 깊이 뛰어들기 전에 기반을 다져야 한다고 생각합니다. 어쨌든 최소한의 어떠한 기초 지식, 일반적인 정보, 개인적인 평가와 명확한 목표 없이 2만 5천 파운드에서 4만 파운드짜리 부동산 강좌가 우리에게 괜찮은 가치인지, 적절한지를 어떻게 판단할 수 있을까요? 만약 우리가 과대광고를 듣는다면 몇백만 불을 벌었다는 사람들의 스토리를 보고 듣게 해주면서 강한 교육 강도와 이에 따른 비싼 비용을 요구하는 '높은 가격의 개인 투자' 강좌를 마주하게 됩니다. 제가 의미하는 바는, 부동산 분야뿐 아니라 다른 분야에서도 찾을 수 있는 강좌 말이죠. 작지만 꾸준히 버는 사람과 실패한 사람들이 수백 명은 될 것이고 홈런을 친 슈퍼스타들보다 더 많을 텐데도 입증되지 않은 과장된 부동산 강좌가 제시하는 성공 스토리와 통계는 아마도 수십 명밖에 안 될 '홈런타자'(혹은 수백만 불을 번 사람)들을 넌지시 보여주는 데 그치겠지요.

이것은 몇 가지 이유 때문입니다; 문제의 진실은 우리가 실제로 우리 자신의 힘으로 일궈냈다고 믿는 것들이 실제로는 종종 다른 요인들에 의해서 이뤄지기도 하기 때문입니다. 우리는 이미 존재하는 지식,

중요한 자금, 넓은 인적 네트워크와 같은 좋은 출발을 할 수 있을 것입니다. 그리고 현실을 직시하시죠. 운도 따릅니다! 아무도 자신의 개인적인 업적을 운에 맡기고 싶어하지는 않지만, 적절한 시기에 적절한 장소에 있는 것도 확실히 성공에 한 몫을 합니다. 냅스터Napster vs 스포티파이Spotify, 제너럴 매직General Magic vs 애플Apple, 마이 스페이스My space vs 페이스북Facebook, 싱클레어Sinclair vs 테슬라Tesla 등을 보세요.

중요한 질문은... 정말 상위 1%가 되어야 하는가, 아니면 상위 5%만 되어도 의미가 있을까입니다. 훈련과 강좌에 군이 수만 달러를 쓰지 않아도 그 계층에 들어갈 수 있는 방법은 많습니다. 게다가 계층의 수준은 당신이 알고 있는 것보다 더 낮은 수준입니다. 결국 영국 인구 약 6,500만 명 중에서 180만 명이 집주인인데 이는 3% 미만입니다. 이 집주인 중에서 93% 정도가 부동산을 한 채만 갖고 있으니 영국에서 약 12만 6천 명만이 부동산을 두 채 이상 소유하고 있습니다. 전 인구의 1%도 안 되는 숫자입니다! 결론적으로 부동산을 한 채 보유하면 당신은 이미 상위 3%에 들고, 또 다른 임대 부동산을 얻으면 상위 1%에 오릅니다.[3]

서문에서 결론을 도출하는 데 도움이 되도록, 제가 가장 좋아하는 인용문 중의 하나를 공유하면서 마무리하겠습니다. 위대한 찰리 존스는 "만나는 사람들과 읽는 책이 없다면 우리의 인생은 5년이 지나도 지금과 똑같을 것"이라고 말했습니다. 즉, 그는 적어도 개인적 성장과 실질적인 차이를 만드는 측면에서는 70-20-10 원칙의 20%와 10%에 집중합니다. 저는 그가 말한 '책'이 최근 용어로는 비디오, 오디오, 그래픽, 앱 등 다른 미디어로 확장된다고 생각합니다. '만나는 사람들'의 측면에서는 당신의 네트워크로 확장된 개념일 것인데, 이것은 아이러니하게도 대형 서비스 제공자들로부터 나오는 많은 값비싼 강좌나 리더십 프로그램들의 이점 중 하나입니다. 만약 당신이 원한다면 '클럽 멤버십'에 대한 가격이고, 그러한 프로그램에 참여함으로써 얻을 수 있는 잠재적인 부수적 혜택입니다.

긴 서론부터 알맹이인 에드테크까지 함께하며 눈치채셨겠지만, 저는 배움과 개인적 발전에 대한 열렬한 팬이고 우리가 계속해서 성장하는데 도움을 줄 수 있는 방법이라고 봅니다. 부동산 투자 활동에서 위험을 제거하는 데 도움이 되는 동시에 새로운 기회를 주기도 하죠. 결과적으로 저는 제 사업 파트너를 리더 프로그램에서 만났습니다!

네, 이제 됐습니다 - 그럼 제대로 에드테크에 들어가 봅시다!

에드테크 - 지금 상황은

이 챕터에 실제 에드테크 부분이 있는데, 기다려줘서 고맙습니다! 하지만 저는 솔직히 서론 부분을 별도로 다루는 것이 여러분이 맥락을 이해하는데 낫다고 생각했습니다. 글쎄요, 이 점은 동의해 주시길 바랍니다.

자기주도학습 보조도구

다음은 부동산, 비즈니스 및 일반적인 개인 계발에서 스스로를 가르칠 수 있는 몇 가지 다른 방법입니다:

책 - 물리적 종이책 & 킨들Kindle 및 PDF 다운로드 같은 전자책

잡지 - '당신의 부동산 네트워크Your Proerty Network'(저는 여기에 정규 칼럼을 씁니다), '부동산 투자자 뉴스Proerty Investor News', '부동산 허브 매거진The Proerty Hub Magazine'

오디오 - 오디오북, 팟캐스트 등

시청각 - 유튜브YouTube, 테드토크스TedTalks, 인스타그램Instagram, 핀터레스트Pinterrest 등

뉴스 & 정보총합 - 스쿱Scoop.it, 스텀블어폰StumbleUpon, 쿠오라Quora, 피들리Feedly 등

앱 - 블링크리스트Blinklist, 포켓츠Pockets, 부자아빠앱Rich Dad Apps & 게임 등

포럼 - 부동산 허브Property Hub, 부동산 118, 부동산 트라이브Tribes, 비거포켓Bigger Pocket: USA 등

자산 커뮤니티 - '진보적인 부동산(원문 기재)', '부동산 투자자 네트워크Proerty Investor News', 페이스북, 링크드인 그룹Linked In Groups 등

저렴한 비용과 무료 교육으로 당신의 학습 목표를 공략하는 것으로 멀티미디어에 광범위하게 접근할 수 있습니다.

이렇게 산탄총을 쏘는 듯한 분산 접근법은 그때그때 알게 된 정보에만 신경쓰게 되는 반짝이는 페니 신드롬(역자 주: 1센트짜리 동전이 땅에 떨어져 있는 것을 보고도 그 값어치가 미미하여 줍지 않으려 하는 경향을 말하는 것으로 여기서는 너무 많아 해결하기 힘든 문제에 직면했을 때 느끼는 열등감과 무력감)으로 이어질 수 있습니다. 이로 인해 명확한 방향이나 결과가 없을 수 있으며, 시간이 많이 소요될 수 있고, 특히 무료일 때 이용할 수 있는 정보의 질과 깊이는 많이 달라질 수 있습니다.

여기 나온 다양한 내용은 더 프로퍼티 보이스의 자료 페이지에서도 찾아볼 수 있습니다.

https://www.thepropertyvoice.net/resources

산업 및 전문가

다음의 산업 기관 및 협회에는 어떤 방식으로든 기술을 활용하는 교육 및 개발 과정이 있습니다: 국내지주협회National Landlords Association: NLA, 주거용부동산소유자협회Residential Landlords Association ; RLA, RICS, ARLA / NAEA 또는 부동산마크Propertymark, 영국부동산임대업자 협회 UKALA 등

부동산 훈련 회사

이것은 어떤 사람들에게는 큰 사업이 되고 있습니다. 프로그레시브 프로퍼티Progressive Property와 프로퍼티 인베스터즈 네트워크Property Investors Network는 온라인 또는 디지털 학습 옵션도 가지고 있는 큰 네트워크입니다. 다음으로 일반적인 또는 틈새 지역에서 추가적인 이익 흐름을 위해 부동산 교육 과정을 개발한 더 소규모의, 전문화된, 또는 독립된 부동산 교육 제공자도 많이 있습니다.

온라인 부동산 과정

일부 업체는 온라인으로 교육을 구현합니다. 예를 들어 부동산 투자자를 대상으로 하는 프로퍼티 허브Property Hub, 부동산 디벨로퍼를 대상으로 하는 렌드이베스트 아카데미 지식센터LendEvest Academy Knowledge Center가 있고 NLA와 RLA는 둘 다 지주만을 대상으로 하는 e-러

닝 코스 옵션을 가지고 있으며, RICS는 부동산 감정평가사에게 더욱 맞춤화된 온라인 과정을 운영하고 있지만, 옵션으로 가치 평가와 집 점검에 대한 기초 교육도 포함하고 있어 더 매력적입니다.

기타 e-러닝 코스 옵션

대규모로 개방되어 있는 온라인 코스를 의미하는 'MOOC'라는 용어를 들어 보셨나요? 교육 자료를 온라인과 주문제공on-demand 방식으로 호스팅하고 공유할 수 있는 기술 솔루션과 플랫폼이 점점 더 많아지고 있습니다. 들어보셨을 법한 업체 중의 하나가 유데미Udemy입니다. 유데미는 미국 부동산산업의 특성이 잘 반영되어 있는 부동산 강좌들을 운영하고 있습니다.

유데미 대신 활용할 수 있는 방법으로는 이디엑스EdX가 가장 믿을 만 한데 주로 미국 아이비리그 대학들이 강좌를 제공하기 때문입니다. 린다Lynda도 부동산 사진이나 프로젝트 관리 같은 실용적인 e-러닝 옵션들을 가지고 있습니다. 저는 심지어 그루폰Groupon에서 광고하는 온라인 부동산 교육 과정을 보았는데 꽤 높은 평점을 주고 싶습니다! 미래를 내다보는 또다른 플랫폼으로 하우나우HowNow가 있는데 전문 강사들이 모여 일대일 또는 그룹 환경에서 온라인으로 대화형 수업을 할 수 있는 플랫폼입니다. 아직 부동산을 직접 다루는 것을 본 적은 없지만 엑셀과 사고 체계를 활용해 기금 마련과 자금 운용 등과 관련된 주제를 훈련해 주는 전문 교사와 트레이너들이 있습니다. 그리고 일부 선도적인 e-러닝 기업들도 자사 제품 제공에 인공지능을 활용하고 있어 시간이 지날수록 부동산에 대한 훈련 비전과 교육 제공 방식이 더욱 확장될 것으로 기대하고 있습니다.

장점

알아보기 쉬운 목표들과 학습 결과를 가진 명확한 주제를 중심으로 구성되어 있으며 전문적인 자격이나 지속적인 전문성 개발Continuing Professional Development, CPD과 같은 일반적인 주제를 다루기도 하는데, 점점 더 광범위한 학습 방법을 통해 학습자가 필요한 주제에 더 몰입할 수 있도록 해 줍니다.

단점

항상 그렇지는 않지만 비용이 많이 들기도 합니다. 일부 제공업체들은 돈을 벌 목적으로 전체 과정의 일부만 무료로 제공하고 고가의 과정을 유료로 제공하는데 품질은 들쭉날쭉합니다.

쉐도잉 학습 옵션

본질적으로 실제로 겪어보지 않고 실용적인 지식들을 가르치는 방식에 가장 가깝다고 할 수 있습니다. 그렇기 때문에 종종 가장 비용이 많이 드는 형태의 학습입니다. 쉐도잉에는 일반적으로 두 가지 모델이 있습니다. 첫째는 '내가 목표를 주고 당신이 해 보는 것'이고, 둘째는 '내가 하는 것을 관찰하는 것'입니다. 멘토링 & 코칭, 마스터 그룹, '돈벌며 배우기earn and learn' 스타일의 합작 벤처 등이 대표적이죠.

솔직히 저를 포함해서 이런 종류의 맞춤식 프로그램을 제공하는 사람이 많이 있는데 여기에 다 나열하지는 않겠습니다. 핵심은 배우고 싶은 분야에서 정말 능숙한 코치나 멘토, 트레이너를 찾는 것입니다. 저는 확실히 제가 경험이 없고 어떤 멘토링도 하지 말아야 한다는 생각을 가지고 있기 때문에 사람들을 멘토링하지 않을 것입니다. '할 수 없는 자는 대신 가르치라'는 말이 있습니다. 그러나 그것은 적어도 경우에 따라서는 상당히 혹독한 평가가 될 수 있습니다. 어떤 사람들은 자신의 지식을 자연스럽게 공유할 수 있고 기꺼이 공유하며, 사람들이 어려움을 겪거나 경험이 부족한 아이디어와 개념을 이해하도록 돕습니다.

여기서 주의해야 할 또 한 가지는 내용과 결과물입니다. 즉, 실제로 무엇을 배우고 그러한 프로그램을 실행한 결과로 무엇을 구현할 수 있는가입니다. 멘토링은 투자 부동산을 매입하는 것과 같은 확실한 결과를 가져와야 합니다. 이것이 바로 훈련과 실제의 차이점입니다. 실제 현실에서의 경험에 한계가 있는 훈련과 멘토링을 제공하는 것을 본 적이 있는데, 그래서 가르치는 사람의 배경과 경험, 업무 기록을 반드시 알고 있어야 합니다.

에드테크를 특징짓는 요소는 전달이나 학습의 수단입니다. 즉, 전자적이거나 디지털적이면 에드테크 분류에 속할 수 있다는 뜻이죠. 웹 세미나, 비디오콜, 원격 상호 작용, 온라인 및 디지털에 대해 생각해 보세요. e-러닝으로 얻을 수 있는 이점은 맞춤형 학습과 원격 또는 장거리 학습을 위한 옵션을 가진다는 사실이며, 이는 종종 비용을 절감해 주기도 합니다.

장점

종종 집중적인 개인화 콘텐츠, 실제 삶과 같은 경험을 통해 학습 시간과 실수를 상당히 줄일 수 있습니다.

단점

체계화된 훈련과 마찬가지로 비용이 많이 들고 품질 문제가 있을 수 있으며, 규제되지 않은 분야는 올바르지 않거나 심지어 불법적인 조언과 관행을 공유할 수도 있습니다.

조언들

저는 사람들에게 기본적으로 3개월에서 6개월 동안은 그냥 잘 관찰하라고 충고합니다. 그런 다음 더 큰 규모의 공식적인 학습 및 개발 프로그램에 등록할지를 결정해도 늦지 않습니다.

정보를 흡수하세요. 책을 읽고, 팟캐스트를 듣고, 당신의 학습 스타일에 맞는 비디오를 시청하며 산업 잡지, 부동산 웹사이트, 포럼 등을 보세요.

네트워크. 부동산 커뮤니티에 가서 - 갈 때 신용 카드는 두고 가세요! - 다른 투자자들과 이야기하고, 경험에 대해 물어보고, 그리고 왜 지금 하고 있는 방식으로 투자하게 되었는지 물어보세요. 그들의 대답은 당신과 같지 않을 수도 있고 심지어 당신의 상황에 맞지 않을 수도 있으니, 많은 사람에게 물어보세요!

당신의 목적과 목표에 따라 일하세요. 자신의 라이프스타일 선호도와 살면서 버릴 수 없는 것들을 전제로, 언제, 어떤 방식으로 목표를 달성하기를 원하십니까? 그 전략을 말할 단계는 아니지만 궁극적으론 전략이 필요하겠죠. 어떤 사람은 25년 후에 받을 연금이 부족해서 여분의 현금을 마련하려고 할 수도 있고, 지금 하는 일을 계속하려는 사람도 있으며, 석 달 안에 일을 그만두거나 바꾸려는 사람도 있습니다. 서로 다른 접근법이나 전략을 갖고 있겠죠. 모두 다 배우려면 시간이 걸릴 수도 있으니 시간을 좀 갖되 꾸물거리지는 마세요. 왜냐하면 미루는 습관이 꿈을 죽일 수도 있으니까요! 이런 것들을 먼저 생각해본 다음 어떤 학습과 개발을 할지 결정하세요.

제가 어떻게 도와드릴까요?

더 프로퍼티 보이스 팟캐스트 및 웹사이트는 사용자가 살펴볼 수 있도록 많은 에피소드와 기사를 보관하고 있습니다. 자료 페이지에는 많은 외부 링크와 참조 내용도 있습니다.

이메일만 보내시면 YPN 매거진의 제 월간 칼럼을 무료로 구독하실 수 있습니다.

제 첫 번째 책인 《부동산 투자자 툴킷Property Investor Toolkit》을 읽어 보세요: 커피 한 잔 가격보다 쌉니다.

데미안 포그와 제가 함께 모은 8개의 아이킥스타트8-module iKick-start 온라인 교육 과정을 수강하세요. 이 교육 과정은 부동산 투자의 기초를 모두 다루고 있으며 현재 보너스 도서 리소스 페이지에서 단돈 97파운드에 수강하실 수 있습니다.

웹사이트www.thepropertyvoice.net의 멘토링 페이지를 방문하여 제가 '돈벌며 배우기Earn & Learn'를 포함해 어떠한 쉐도우 멘토링 옵션으로 지원해 드릴 수 있는지 확인해 보세요. 이 옵션들은 아마도 돈을 지불하셔야 할 겁니다.

결론

에드테크 분야는 영국에서 가장 빠르게 성장하고 있는 기술 분야 중의 하나입니다. 런던 & 파트너스의 연구에 따르면 전 세계적으로 450억 파운드의 가치가 있으며, 2020년까지 1,290억 파운드라는 경이적인 수준에 이를 것이라고 합니다.[4] 부동산 교육 과정은 에드테크 안에서도 빠르게 성장하고 있는 분야라고 합니다. 실제로 에드테크 정의에 포함되는 많은 리소스를 이용할 수 있습니다. 하지만 그러한 다양성과 선택권이 오히려 과할 수도 있고 '분석 마비'가 올 수도 있기 때문에 무작정 시작하지 말고 여러분의 목적과 목표부터 시작해서 기초부터 다루는 시간을 가지시라고 제안하는 겁니다. 부를 창조하는 산업은 돈 있는 사람들과 돈을 손에 넣으려고 하는 사람들을 끌어들이므로 지금 어디에 돈과 믿음을 투입하려는 건지 주의를 기울이세요. 신선한 고기가 입 속으로 들어오길 기다리는 상어가 많으니까요!

저는 에드테크를 활용하면 우리가 배우는 방법에 긍정적인 영향을 미친다는 것을 알고 있습니다. 팟캐스트를 들으며 운동을 할 수도 있고, 스카이프로 세계 반대편의 경험 많은 투자자와 배우고 교류할 수 있으며, 자신을 계발하기 위해 선택하는 거의 모든 것을 집에서 편안하게 온라인 강좌로 들을 수 있습니다. 그래서 더 이상 무지하게 남아 있을 변명거리가 없습니다. 문제는 지식을 더 쌓고, 개인적인 목표에 도달하는 데 적용하기 위해 무엇을 할 것인가입니다.

이 분야는 여전히 성장하고 있고, 앞으로 몇 년 동안 더 많은 혁신이 일어날 것입니다. 이미 이곳에 여러분의 학습 방식이나 지능에 상관없이 여러분의 마음을 사로잡을 만한 뭔가가 있기를 기대합니다.

빅 픽 처

스마트시티

그 리 고

메가트렌드

제 9장

빅픽처, 스마트시티 그리고 메가트렌드

지난 몇 장에서 설명했던 것처럼 우리는 급변하는 세상에 살고 있습니다. 우리는 지금 3차 산업혁명과 디지털화, 컴퓨팅의 토대를 바탕으로 한 4차 산업혁명의 초기 단계에 있습니다. 이 4차 산업혁명은 인공지능, 가상현실, 3D 프린팅, 자율주행차, 생명공학, 재료과학, 양자 컴퓨팅과 같은 수많은 새로운 기술을 하나로 모으고 있습니다. 그리고 스마트폰으로 연결된 수십억 명의 사람이 이러한 기술을 바탕으로 전례 없는 데이터, 정보 처리 능력, 저장 용량에 접근할 수 있는 환경이 만들어지는 것입니다. 4차 산업혁명의 가능성은 사실상 무한하다고 볼 수 있습니다. 많은 사람들이 4차 산업혁명이 우리 사회에 큰 발전을 가져오고, 사람의 삶을 보다 공평하게 만들고, 부족한 자원을 더 잘 관리할 수 있도록 도와줄 것으로 보고 있습니다. 세상에 해결해야 할 과제가 많기 때문에 기술이 우리 모두를 위해 더 나은 세상을 만드는 데 도움이 될 것입니다.

미래에 우리 생활과 일하는 모습에 큰 영향을 줄 글로벌 대기업들이 있습니다. 이는 결국 부동산 투자자, 디벨로퍼, 소유자로서 우리가 운영하는 방식을 바꾸게 될 겁니다. 따라서 이러한 변화들을 좀 더 깊이 알아보고 그것들이 우리에게 어떤 도전과 기회의 장을 열어 줄지 살펴보는 것은 큰 의미가 있습니다.

경제적 변화

최근 세계의 경제적 중심은 서구에서 아시아와 라틴 아메리카의 성장국으로 눈에 띄게 움직이고 있습니다. 이러한 현상은 일시적인 것이라기보다는 세계 경제의 판도가 다시 조정되는 것이라고 볼 수 있을 것입니다. 세계 경제사를 살펴보면, 서구가 세계경제의 중심이었던 것은 지난 몇백 년에 불과하니까요. 과거에는 로마 제국과 고대 이집트가 경제적으로 번성했고, 중국과 인도가 수세기 동안 경제 강국이었습니다. 현재 급속한 경제 성장세를 보이는 국가들은 중산층 증가에 힘입어 노동과 생산 기반에서 소비 기반 경제로 바뀌고 있습니다.

부동산 분야에서는 2018년 1월 현재 영국과 웨일스의 부동산 9만 7천여 건이 외국 기업 소유로 등기되어 있는 것처럼 외국인들의 영국 투자가 늘고 있는 추세입니다. 이러한 외국인 소유 부동산의 절반은 런던에 있습니다. 하지만 2017년 4월 외국인 소유 부동산이 상속세 부과 대상이 되면서 브렉시트 효과에 대한 불확실성이 커짐에 따라 해외 매입자는 다소 줄어든 것으로 보입니다.

이것은 영국 투자자들에게 무엇을 의미할까요? 투자 기회가 생기면 경쟁이 치열합니다. 우파의 싱크탱크인 시비타스는 2012년 런던 중심부에 있는 신규 주택의 27%만 영국인이 구매했다는 사실을 발견했습니다. 현재 런던 시장 사디크 칸Sadiq Khan은 이런 현상 때문에 런던 시민들이 살 수 있는 적당한 가격의 주택이 점점 부족해지고 있다고 합니다.[2] 이에 따라 특정 유형의 부동산은 해외에 먼저 광고하지 못하게 하는 '우선권first dibs' 시스템처럼 런던 주민들이 부동산을 더 쉽게 구입할 수 있는 다양한 방법들이 제안되고 있습니다. 정부가 어떤 방법을 사용하여 이 문제를 해결할지는 지켜봐야겠지만 디벨로퍼들을 위한 기회가 있다는 사실만은 분명합니다. 하지만 확실한 것은 이 책 첫 장에서 이야기한 것처럼, 지방 정부의 대규모 주택 공급 사업은 새로운 주택에 대한 막대한 수요에도 불구하고 수익을 창출할 가능성이 낮다는 것입니다.

인구통계학적 변화

선진국에서는 출산율이 낮아져 경제활동을 하는 젊은 인구보다 나이가 많거나 질병이 있어 경제활동을 하지 않는 인구가 더 많아지고 있습니다. 이렇게 되면 연금 운영이나 의료/주거 복지 제공이 어려워질 수 있습니다. 한편, 전세계 10~24세 인구의 90%가 저개발국가에 살고 있습니다. 이 나라들은 인구가 폭발적으로 증가하면서 젊은이들에게 주택을 보급하고, 식사를 제공하고, 교육하는 것이 쉽지 않습니다. 교육과 일자리가 제한되어 빈곤 속에서 생활하는 상당수의 청년들이 사회에 불만을 가지고 과격한 행동을 하기도 합니다.

고령화 문제에 대해서는 다양한 요구를 충족하는, 더 좋고 혁신적인 솔루션에 대한 수요가 명확합니다. 현재 영국 전체 주택의 3분의 1에 고령자들이 살고 있고 65세 이상의 연령층이 향후 25년 간 60% 늘어날 것으로 예측됨에 따라(2016년 통계청 보고)[3] 이들을 위한 주택 공급이 점점 더 중요해질 것입니다. 영국에서는 65세 이상 인구의 0.6%만이 생활 지원 시설에서 간호를 받으며 살고 있는데 호주와 미국에서는 약 5%가 이러한 시설에서 살고 있습니다. 지방정부협회에 따르면, 적절한 장소에 있는 양질의 저렴한 시설은 만성적으로 부족하다고 합니다.[4]

65세 이상은 물론, 의료 서비스나 돌봄이 필요하기 전에 경제 규모를 줄이고자 하는 노인에게 양질의 돌봄 주택을 제공하면 사회적으로도 여러 기회가 생깁니다. 우선 사회적으로 꼭 필요한, 가족이 살 수 있는 규모의 주택이 다시 시장에 나옵니다. 그리고 노인 전용 아파트를 잘 설계하면 위험을 최소화하는 안전한 환경이 마련돼 병원 입원과 부대 비용을 줄일 수 있습니다. BRE(영국건축연구소)의 2010년 연구에 따르면, 노인들의 주거 환경이 열악하기 때문에 영국국립의료제도[NHS] 지출이 연간 약 5억 파운드나 늘어난다고 합니다.[5] 게다가, 노인 전용 아파트는 고립과 외로움을 극복할 수 있고, 필요하다면 더 높은 수준의 효율적인 가정 내 간호를 제공받을 수 있습니다. 현재 밀레니얼 세대를 겨냥해 생겨나는 공동생활 트렌드가 노년층의 주거에 어떻게 확산될지 관심이 갑니다. 이 새로운 형태의 공동생활 트렌드는 공동체 구성원

간의 친밀한 관계 형성이 핵심이기 때문에 노년층에게도 어필할 수 있습니다. 이 공동생활공간이 여러 세대를 아우르는 공간으로 발전할 수 있을까요? 아니면 특별히 노인들을 위한 공동생활공간이 더 인기를 끌까요? 영국의 고급 실버타운에서는 주민들이 아파트 구입뿐 아니라 수영장, 체육관, 레스토랑 및 기타 편의 시설을 사용하기 위한 서비스 요금까지도 모기지에 포함해서 지급하고 있습니다.

정부는 노인들에게 양질의 주택을 공급하는 것이 중요하다는 점과 이에 따른 이점을 파악하기 시작했습니다. 부동산 디벨로퍼와 파트너십을 맺거나 자체적으로 이를 추진하는 경우가 늘어나고 있는데, 어떤 경우에는 노년층이 공동 설계에 참여하기도 합니다. 치매나 더 복잡한 필요를 가진 사람들을 위해 고안된 주택도 늘어나서 환자와 그들의 가족에게 더 많은 선택지를 주고 있습니다. 스마트홈 기술을 다룬 이전 장에서 이 기술을 혁신적으로 사용하여 노인들이 더 오랫동안 집에 머물 수 있도록 도울 것이라고 했습니다. 스마트홈 기술은 가정에서 일상적으로 이루어지는 활동을 지속적으로 관찰하고 특정 활동이나 이동을 평소처럼 하지 않은 경우 친척이나 보호자에게 알려줄 수 있습니다.

또한 태블릿, 원격, 전화로 제어하거나 음성 명령을 사용하여 할 일들을 자동화할 수도 있습니다.

예전에는 집주인과 부동산 디벨로퍼가 노인을 위한 시설을 고려하지 않았을 겁니다. 하지만 지방정부연합회 LGA 보고서는 "2008년에서 2039년 사이에 증가할 가구의 74%가 65세 이상 가구일 것"이라고 언급한 바 있습니다. 65세 이상 수가 증가하면 신축할 건물의 유형이 바뀔 것이고 기존 부동산 활용 방법도 영향을 받을 것입니다. 이 시장은 주택 조합과 공공 부문, 민간 부문 간의 파트너십을 통해 성장하겠지만, 이러한 급성장의 혜택을 민간 개발업자들이 누릴 수 있는 여지가 분명히 있습니다. 집주인 역시 자신의 부동산이 노인들에게 어떻게 매력적이고 적합한 집이 될 수 있는지 생각해 볼 수 있습니다. 비록 쉽지는 않겠지만 이런 새로운 시장의 특성에 맞는 매력적이고 세심한 사업을 계획한다면, 현재 부족한 수요를 고려했을 때 큰 성공을 거둘 수 있을 것입니다.

이에 대한 또 다른 시각은 건설 기술을 다룬 장에서 언급되었습니다. 조부모와 부모, 자녀가 함께 사는 다세대생활은 고령화 인구가 확대되면서 더욱 인기를 끌고 있습니다. 다시 말하지만, 투자자와 디벨로퍼가 특별한 형태의 주택을 지을 것이 아니라면 여러 세대를 아우르기 위해 주택을 더 쉽게 개조할 수 있도록 신경써서 지어야 합니다.

산업혁명 이전에는 작은 공동체에서 사는 경향이 있었다는 점을 생각해 볼 필요가 있습니다. 산업혁명에 따라 도시화와 지리적 이동이 증가하면서 소가족과 개인주의가 일반적이 되었지요. 기술은 도시 안에서 생활 공동체를 되찾아 도시 거주자들이 더 부유하고, 더 포용적이고 덜 외로운 삶을 살 수 있도록 도울 수 있습니다. 이것은 분명 모두에게 큰 도움이 될 것입니다.

1950년대에는 세계 인구의 30%가 도시에 살았습니다. 오늘날 이 수치는 50%에 이르렀습니다. 그리고 2050년에는 72%가 도시에 살 것으로 예상됩니다. 앞으로 도시화는 개발도상국 농촌 주민들이 도시로 이동하면서 더욱 가속화될 것입니다.

도시화가 진행되면서 점점 더 많은 메가시티가 형성되고 있습니다. 유엔은 2030년까지 전 세계 43개의 메가시티(주민 수 1000만 명 이상의 도시)가 생길 것으로 예상하고 있으며, 이는 대부분 개발도상국에 있습니다.[6] 인프라가 도시화를 따라가지 못하면 주민들은 가장 기본적인 서비스도 이용할 수 없을 것이며, 사회가 정부의 통제를 벗어나면서 테러나 조직폭력이 성행할 수도 있습니다. 적절한 인프라 없이 메가시티를 치안하고 방어하는 것은 쉽지 않기 때문에 사회가 붕괴될 가능성이 더욱 커집니다. 예를 들어 천만 명분의 식수를 오염시키기는 백만 명분을 오염시키는 것만큼 쉽습니다. 메가시티에서는 자연재해나 인공재해로 인한 피해가 점점 늘어나고 있습니다. 도시에 모여사는 사람이 너무 많기 때문이죠.[7]

이 책 앞부분에서 공동생활공간과 공동업무공간을 언급한 적이 있습니다. 그리고 더 프로퍼티 보이스 팟캐스트에서 인터뷰한 기자이자 학자, 연설가인 그렉 린지도 이 주제에 큰 관심을 보였습니다. 공유경제에서 비롯된 위리브와 위워크는 도시에 사는 사람들에게 숙박과 서비스가 포함된 회원권 모델을 제공하고 있습니다. 자동차 제조사인

BMW MINI는 2018년 상하이에 미니 리빙Mini Living이라는 공동생활 공간을 열었고, 그곳의 회원권 모델도 숙박과 모빌리티 서비스를 포함합니다. 전면적인 소유보다는 자산 관리가 주류를 이루는 사회를 향한 또 다른 변화라고 볼 수 있습니다. 도시는 확장하고 있지만 기술이 도시에 공동체라는 느낌을 더 많이 가져다 주었으면 합니다. 점점 늘어나는 수많은 데이터를 인간과 기계만이 아니라 인간 간의 상호 작용을 더욱 풍부하게 하기 위해 활용해야 합니다. 그렉 린지는 뉴욕시 택시위원회의 익명 오픈소스 데이터인 '승하차 데이터 분석Pick-up and drop-off data'을 예로 들었습니다. 목표는 뉴욕 지역에서 나이든 X세대가 어디로 이동하는지 알아내는 것입니다. 연구원들은 이 데이터를 사용하여 어퍼 이스트 사이드 지역의 불임 치료 병원에 내리는 승객들이 어디에서 오고 가는지를 알아봤고 상당수가 브루클린에 살고 있다는 것을 확인할 수 있었습니다. 이 정도 수준의 데이터 분석도 놀랍지만, 미래에는 거리에서 우리를 향해 걸어가는 사람들에 대한 정보를 실시간으로 받을 수도 있을 것입니다. 우리는 이미 '관찰사회'를 만들었습니다. 그러니 이 새로운 기술을 사용하여 진정으로 더 연결된 사회를 만드는 것은 어떨까요?

그렉은 또한 소비자 브랜딩의 중요성이 늘어나면서 임차인과 게스트에게 더 바람직한 주거 경험을 제공한다고 말했는데, 이는 다른 프롭테크 인터뷰 대상자들의 말과도 일맥상통합니다. 집주인과 임차인 관계가 더 평등해지고 갑을 관계가 해소되는 추세가 나타나고 있는 것으로 보입니다. 임대시장에서의 경쟁이 치열해지면 집주인과 개발업자들이 자신의 부동산을 차별화하는 것이 중요해질 것입니다. 캐나다 자산 운용 기업인 브룩필드Brookfield 같은 대형 개발사도 이제 플레이스메이킹(건물이나 지역을 더 매력적이고 이용자 친화적으로 디자인하는 것)에 초점을 맞추고 있습니다. 이 개념은 공공 부문에서 나왔는데 부동산 디벨로퍼들이 거주 시설뿐 아니라 주변의 편의 시설과 더 넓은 지역사회를 고려해서 개발하는 것을 의미합니다. 건물을 짓던 디벨로퍼들이 도시를 만드는 사업가로 변신하면서 아름답고 좋은 기능을 갖춘 공공 공간을 조성하게 된 것이 이 변화의 핵심이라고 할 수 있습니다. 우리는 집주인이나 디벨로퍼로서 우리가 제공하는 부동산을 더 매력적으로 만들어서 시장을 이끌어야 합니다. 아니면 나중에 시장의 변화를 뒤쫓아가는 처지가 될 수도 있습니다.

영국에서는 런던이 유일한 메가시티로서 약 1,300만 명이 살고 있습니다. 도시화가 가속되면 런던도 계속 성장하고 거주에 대한 수요가 계속 증가할 것으로 예상할 수 있습니다. 많은 사람이 불확실한 시대에 살고 있다고 느끼고 있지만 이 메가트렌드를 보면 도시 부동산 투자는 앞으로도 좋은 기회가 될 것입니다. 그렉 린지는 고속 자율주행차가 보편화되면 굳이 직접 운전하지 않아도 사무실까지 가는 길에 일할 수 있기 때문에 주요 도시에서 훨씬 멀리 떨어져 살 수 있을지도 모른다고 합니다. 하지만 사람들은 그 시간을 아껴서 인터넷 쇼핑도 하고 다양한 제품과 서비스도 제공받기 위해 더 밀집된 도시 지역에서 살고 싶어 할 수도 있지 않을까요? 우수한 인프라와 개선된 대중교통, 와글와글 모여 있는 문화, 풍부한 일자리에 대한 투자도 있기 때문에 메가시티는 살기 좋은 곳이며 앞으로도 더 그렇게 될 것입니다. 프라이빗 파이낸스가 2018년 발표한 BTL(임대형 민간투자사업) 조사 결과에 따르면, 런던보다 지방 밖의 도시들이 훨씬 더 나은 임대수익을 제공하는데 리버풀, 노팅엄, 카디프, 사우샘프턴, 그리고 그레이터 맨체스터의 수익률이 가장 높다고 합니다.[8] 그러나 언제나 그렇듯이 임대 수요를 정확히 파악하려면 실사를 하는 것이 좋습니다. 만약 부동산이 오랫동안 공실이라 실제 이익이 아닌 장부상 이익만 가지고 있다면 높은 수익을 거둘 수 있다는 잠재력은 중요하지 않을 겁니다. 그렉 린지는 사람들이, 특히 밀레니얼 세대가 이제 육아기에 접어들면서 비싼 임차료를 내지 않고도 도시 생활 인프라와 편의 시설을 갖춘 소규모 도시로 이주하는 트렌드를 언급하기도 했습니다.

기술적 진보

이 책은 주로 영국 부동산 투자자들과 관련된 기술을 자세히 다루었습니다. AI, 빅데이터, 모바일 및 커넥티드 디바이스, 공유경제, 핀테크 및 블록체인 기술, 자율주행, 드론, 나노기술 등 다양한 기술이 우리 삶에 상상할 수 없는 속도로 변화를 가져오고 있습니다. 큰 그림을 보면 정부는 이 변화에 맞춰 규제를 완화하고 법을 집행하며 정보 보안과 국방을 강화하는 것도 생각해 보아야 합니다. 머지 않아 많은 기업이 앞서기 위해서가 아닌 살아남기 위해 데이터를 사용해야 할 것입니다. 집주인과 투자자는 세입자나 다른 계약자들에 대한 데이터를 입수하고 활용하겠지요. 물론 이 모든 데이터가 안전하고, 안심할 수 있으며, 책임감 있게 사용되도록 해야 할 것입니다.

기후 변화 및 자원 고갈

늘어나는 세계 인구의 수요를 충족시키기 위해 주요 자원의 필요량도 크게 증가할 것으로 예상됩니다. 2030년 세계 인구는 83억 명으로 지금보다 에너지 50%, 물 40%, 식량 35%가 더 필요할 것으로 예상됩니다.[9] 기상의 악화, 해수면 상승 그리고 기후 변화로 인한 수자원 고갈이 농경 가능면적을 줄여 식량 생산량이 줄어들 수도 있습니다. 자원을 둘러싼 갈등이 증가하고 자원을 보호하기 위해 더 많은 국제협약이 맺어질 것입니다.[10]

자원이 부족해지면 에너지, 수돗물과 자재의 사용을 최소화하기 위한 법률이 강화될 것입니다. 집주인과 디벨로퍼의 경우, 세입자를 받으려면 가능한 지속 가능한 건물을 짓는 것이 좋습니다. 책임 있는 소비를 장려하기 위해 스마트 수도와 에너지 계량기 같은 장치 사용을 권장하는 것이 좋겠지요. 에너지 효율 개선을 지원하는 정부 정책도 환영할 만합니다.

그렉 린지는 기후가 변하고 자원 분배 체계가 개선되면 더 탄력적이고 협력적인 공동체가 탄생할 수도 있다고 말했습니다. 그는 태양열 패널이 스마트 온도조절기에 연결되고 차고에 있는 자율주행 전기차의 배터리에도 연결되는 집을 구상했습니다. 게다가 여러분의 집이 지역 사회의 일원으로 이웃집과 에너지를 공유하도록 연결되면 모든 지역 구성원 에너지 비용이 절감됩니다. 그렉은 태양열 패널에서 에너지를 수집하여 스마트하게 저장해서 사용하거나 국가 전력망에 판매하는 독일 스타트업 기업 존넨SONNEN의 지능형 배터리 시스템에 감탄했습니다. 존넨 배터리는 집주인들이 서로 에너지를 공유할 수 있는 커뮤니티 기능을 갖추고 있으며, 모든 에너지 전송 기록을 블록체인 기술로 기록합니다.

향후 수십 년간 일어날 가장 큰 변화 중의 하나는 이동 수단입니다. 사람들이 자율주행 또는 전기 자동차로 이동하거나 자가용을 소유하지 않는다면 도로뿐 아니라 가정과 직장생활에도 혁명이 일어날 것입니다. 기술의 발달로 이미 재택근무가 가능합니다. 하지만 많은 사람이 적어도 어느 정도는 동료들과 직접 시간을 보내고 싶어하기도 합니다. 원격 근무는 고용주에게도 이점이 많습니다. 비용이 많이 드는 사무공간을 줄일 수 있습니다. 하지만 돌봄, 제조 및 고객 접촉 업무와 같이 가정에서 할 수 없는 일도 여전히 많겠지요. 도로에 자율주행차가 있더라도 교통 중심지는 여전히 중요하며 이러한 곳과 가까운 부동산에 투자하는 것은 여전히 유리할 것입니다.

자가용을 소유한 사람이 거의 없을 미래에는 진입로와 차고가 필요하지 않겠지요. 개발업자와 집주인은 거주자나 세입자를 자율주행차로 태우고 내려줄 수 있는 픽업존에 대해 생각해 볼 필요가 있습니다. 미국에서는 이미 도시 지역의 부동산 개발업자들이 아파트 구매 시 자동차와 자전거 공유, 또는 우버 바우처 회원권을 제공해 입주자들이 자동차를 보유하지 않도록 권장하고 있습니다. 이로써 부동산 개발 단계부터 주차 관련 비용을 최소화하고 있습니다. 그렉 린지는 모든 건물이 주민용 무료 자율 셔틀을 운영하게 될 것이라고 예상합니다. 도시화의 증가에 대해 이야기할 때 가장 흥미로운 용어 중의 하나는 '밀집'입니다. 이것은 도시가 무질서하게 펼쳐져 있는 것이 아니라 인구가 모이는 중심지를 만든다는 것을 의미합니다. 어떻게 하면 도시를 '밀도 있게' 만들 수 있을까요? 수평이 아닌 수직으로 개발하는 것도 하나의 방법이 될 수 있고 공간을 더 잘 활용하는 것도 방법이 될 수 있습니다. 만약 우리가 주차공간을 없앨 수 있다면 더 많은 공간을 확보할 수 있어 도시가 더 밀집하게 되겠지요.

스마트시티

스마트시티를 빼고서는 빅 픽처를 말할 수 없습니다. 스마트시티가 무엇일까요? 영국 표준화기구BSI는 이 용어를 "시민들에게 지속 가능하고 번영하며 포용적인 미래를 제공하기 위해 물리적·디지털·인간 시스템을 효과적으로 통합하여 건설한 환경"으로 정의하고 있습니다.[11] 스마트홈과 마찬가지로 스마트시티는 사물인터넷의 일부입니다. 스마트시티는 인터넷에 연결된 센서를 사용하여 도시가 자원을 더 효율적으로 사용할 수 있도록 해 줍니다.

도시화는 세계화에 영향을 미치는 거대한 흐름 중의 하나이며 스마트시티를 만드는 것은 이 도시들을 더 안전하고, 효율적이며, 지속 가능하게 만드는 데 도움이 될 것입니다.[12]

운송

앞서 언급한 바와 같이, 자율주행 전기자동차는 자동차를 소유하지 않고 공유하는 시대를 만들고 다양한 대중교통 수단을 서로 연계하고 통합할 수 있습니다. 물론 대중교통이 혼잡하기 때문에 여전히 자가용을 선호할 것이라는 사람도 있지요. 대중교통에서 내린 후 목적지까지의 '마지막 거리'가 항상 문제였지만 공유자전거를 늘리고 주거 지역의 보행성을 더 개선한다면 도움이 될 것입니다.

지금도 스페인의 바르셀로나는[13] 주차공간을 찾는 데 소요되는 시간과 에너지를 줄이고, 혼잡을 방지하기 위해 센서를 사용하고 있습니다. 영국의 운전자는 주차공간을 찾는 데에 1년에 4일이나 되는 시간을 사용합니다.[14] 스마트 교통 신호는 교통 흐름을 더 원활하게 하고 1인 차량보다 버스나 다인승 교통이 우선 통행하도록 순서를 정할 수 있습니다. 목적지까지 가는 가장 빠른 경로든, 어떤 열차 칸에 더 많은 좌석이 있는지에 대한 정보든, 더 많은 데이터가 더 나은 대중교통 환경을 만들고 있습니다.

에너지 및 폐기물 관리

스마트 에너지 그리드는 사용량을 모니터링하고 에너지를 효율적으로 사용하도록 할 수 있습니다. 배터리는 재생 에너지를 저장하고 더 효율적으로 분배할 수 있습니다. 지능형 가로등은 사람들이 다닐 때만 작동해서 에너지를 절약하고 전구 교체 시기를 관할 부처에 알려줄 수 있습니다.[15] 사물인터넷 연결은 우리가 자원을 더 잘 사용하고 더 효율적으로 일할 수 있게 해 줄 것입니다. 좋은 예로는 스마트 쓰레기통이 있는데, 쓰레기통이 꽉 차면 담당자에게 연락해서 쓰레기통을 제 때 비울 수 있게 해줍니다. 뉴 시티즈New Cities 재단의 그렉 린지와 이야기를 나눴을 때, 그는 우리가 도시에서 가장 먼저 볼 수 있는 기술 중의 하나는 스마트 쓰레기통, 스마트 우체통, 그리고 여러분이 쇼핑한 물품을 가져다 주는 배달로봇 또는 드론이 될 것이라고 했습니다. 이것들은 자율주행차가 대중화되기 전에도 도입할 수 있죠.

최근, 스코틀랜드의 7개 도시는 스마트시티 기술을 구현하기 위한 공동 협약을 체결하였습니다. 스마트시티는 더 바람직하고 지속 가능한 주거지를 만들며, 혁신 허브와 개방형 데이터 배포를 통해 투자 규모를 늘려갈 것으로 보입니다.[16] 스마트시티는 도시 생활의 단점을 최소화하고 도시 생활을 더 쉽고, 더 즐겁고, 지속 가능하게 하기 위해 국내외로 확산되고 있습니다. 부동산 투자자들은 어떤 도시가 더 빨리 스마트시티가 될지 알아보면 좋을 겁니다. 이 도시들이 앞으로 일하거나 살기 좋은 곳이 될 것이기 때문이죠.

결론

메가트렌드는 부동산과 프롭테크의 미래를 이끌어갑니다. 특히 도시화, 인구 증가, 새로운 이동성, 에너지 효율성, 건강에 대한 관심이나 기술 발달은 모두 우리의 미래 재산과 주택 수요에 영향을 미칩니다.

스마트홈과 스마트시티는 시범 서비스에서 한 걸음 더 나아가야 합니다. 인터뷰를 진행했던 그렉 린지는 스마트홈이 태양광 전력을 지역 교통망에 공급하는 것처럼, 알렉사로 가전용품을 제어하는 것 이상의 역할을 해야 한다고 강조했습니다. 한편, 해킹 위협이나 데이터 도난 등 스마트홈의 부정적 측면도 우리가 눈여겨봐야 할 점입니다.

공동체생활이 다시 돌아오고 있습니다. 함께 모여 살거나 노인들을 돌보기 위해 공동주거, 세대 간 주택 또는 노인들이 생활하기 편리한 주택이 생길 것입니다. 나아가 대규모 공동생활 주택이 생길 수도 있습니다.

기술은 우리가 실시간으로, 실공간으로 더 잘 연결되도록 도울 수 있습니다. 우리는 지금 연결된 사회가 아니라 관찰 사회에 있습니다. 그렇다면 틴더Tinder 나 포스퀘어Four Square 같은 앱의 기반 기술이 우리 주변에 있는 사람들에 대한 정보를 적절히 선별해서 전달하고 공동체생활과 동지애를 갖게 해주는 방법을 상상해 보세요.

주문형 방식으로 소비자가 원하는 서비스를 제공하는 브랜드 주택이 증가할 것입니다. 인터뷰했던 많은 전문가는 다양한 경제/공유/대중 기반 모델을 예로 들며 더 나은 서비스를 요구하는 소비자에 대해 이야기했습니다. 새로운 플랫폼을 사용하는 브랜드들은 현재 영국 최대 중개 서비스인 검트리Gumtree보다 훨씬 더 나은 서비스를 제공합니다. 그렇지 않나요?

부동산 경제학은 또한 복지 기금 형태에 변화를 줄 것이고, 사용한 만큼 지급하는 서비스가 늘어나면서 새로운 형태의 부동산 서비스와 지급 방식이 생겨날 것입니다. 크라우드 펀딩, 블록체인, 대기업 또는 자선단체의 지원을 받는 소규모 커뮤니티, 그리고 에어비앤비와 위워크가 제공하는 '서비스 단위에 따른 과금 방식' 등은 모두 상업용 부동산 영역에서 시작된 새로운 트렌드의 예입니다. 간단히 말해 우리는 미래의 주택이나 부동산은 '회원권 형태'가 될 것으로 예상할 수 있습니다.

일부 대형 개발업자들은 교외에 있는 포트폴리오를 매각하고 '돈이 있는 곳'이 밀집된 도시 지역에 주력하고 있습니다. 저는 언제나 "돈을 따르라"고 말하는 것을 좋아하는데, 밀집된 도시로 향하는 것이 돈이 따르는 곳으로 가는 것 같습니다. 그리고 이 장에서 이야기한 주제 중의 몇 가지가 별 것 아닌 것처럼 보인다면, 그렇지 않습니다. 대형 개발업자, 벤처 투자가, 자산 관리자들이 이 방향으로 움직이고 있다면 좋든 싫든 우리도 이 방향을 따를 수 밖에 없을 것이라고 장담할 수 있습니다.

결론 및 다음 단계

⌂

아서 C. 클라크Arthur C. Clarke는 이렇게 말했습니다.
"기술이 충분히 발달하면 마법과 구별할 수 없습니다."

또한 리 브라케테Leigh Brackette는 수십 년 전에 이렇게 말했습니다.
"무지한 자에게는 마법, 배운 자에게는 단순한 과학."

프롭테크는 마법일까요, 아니면 단순히 과학과 기술이 발달하고 있
는 걸까요? 양측에 논란이 있을 수 있다고 봅니다. 프롭테크 팟캐스트
시리즈를 시작할 무렵 사이드 비즈니스 스쿨과 옥스포드대학교에 재
직 중인 앤드류 바움을 인터뷰한 기억이 납니다. 그는 한밤중에 사물인
터넷으로 접속한 해커가 조종하는 식기세척기한테 공격받을까 두렵다
고 농담처럼 말했죠. 물론 기계가 세계를 지배하려고 반란을 일으킨다
는 터미네이터 이론도 있긴 하지만 실생활에 활용되는 인공지능은 발
달하고 있습니다.

인간의 자연스러운 두려움과 공상과학영화는 한편으로 일단 접어두
시죠. AI를 사용하는 컴퓨터가 어느 환자가 정신분열증을 앓게 될지 어

떻게 정확히 예측할 수 있었는지 아무도 모릅니다. 약간 걱정이 되죠. 인간이 그 결론에서 배우고 검증하기 위한 사고 과정은 무엇이었죠? 그리고 사고를 일으킨 테슬라와 구글의 무인 자동차, 여러 크고 작은 기업과 네트워크에 문제를 일으킨 크립토라커CryptoLocker바이러스가 있습니다. 폭발하는 전자 담배, 번개를 불러들이는 아이팟, 절벽에서 뛰어내리는 세그웨이, 산길 중간에서 멈춰버린 위성 항법 트럭까지 떠올리면 가끔은 실제로 마법이 일어나고 있다고 생각하기 쉽죠!

이 예는 실제로 동일한 동전의 양면입니다. 진보는 우리를 미지의 세계로, 때로는 불가능해 보이는 것으로 인도합니다. 하지만 새로운 영역을 개척할 때 때로는 너무 빨리 가고 실수를 하기 때문에 바로잡아 나갈 필요가 있습니다.

이미 알아채셨을지 모르지만 저는 대부분의 기술 발달과 특히 프롭테크에 대해 매우 낙관하고 있습니다. 저는 우리의 삶이 궁극적으로 더 편안해지고 힘들어지지 않을 것이라고 믿습니다. 부동산 투자자와 디벨로퍼, 소유자의 생산성을 향상하고 수익성을 높이며 부동산 관리와 고객 서비스에 모두 도움을 줄 툴과 시스템, 앱, 기타 기술이 발달하는 사례가 점점 더 많아질 것입니다.

오프닝에서 《제2의 기계 시대The Second Machine Age》라는 책에 왜 정보 기술이 새로운 산업혁명으로 묘사됐는지 연급했습니다.

'체스판의 후반부' 이론에서 기인한 기하학적 또는 기하급수적 기술 발달. 1960년대에 시작된 이래로 기술 발달은 2013년경에 체스판의 절반쯤까지 왔습니다. 기술 생산비용이 18개월마다 절반으로 감소하는 무어의 법칙과 결합해 보면 기술 개발의 속도와 규모 면에서 지금까지는 아무것도 아니라는 거죠!

책 전체에서 정리된 핵심 사항을 떠올려 봅시다.

건설 기술

콘테크는 프리팹이나 오프사이트 건축, 3D 프린팅 및 로봇 보조 장치와 같은 대체 건축공법이 특징입니다. 마찬가지로 새로운 건축 자재가 개발되기 시작했지만 완전히 주류가 되기엔 아직 갈 길이 멉니다. 적어도 당분간은 아마 그래핀 같은 신소재로의 거대한 도약보다는 자가 치유 콘크리트 같은 기존 재료의 발전일 것입니다. 임대전용주택, 셀프건축, 에너지 효율성 및 패시브하우스 같은 보다 지속 가능한 방법의 사용에 대해 더 많이 들으실 수 있을 겁니다.

스마트홈과 사물인터넷

중요한 점은 홈 오토메이션과 원격 제어, 부동산 모니터링 기술이 개선을 넘어 연결되고 융합되며 점점 더 편리해지고 있다는 것입니다. 부동산 관리 및 보안 앱, 에너지 및 선물 관리 시스템을 중심으로 사물인터넷이 모든 것을 통합해서 아주 유용해질 겁니다.

빅데이터, AI, 시스템, 툴, 앱

빅데이터와 AI, 소셜 미디어의 발달도 부동산 투자자로서 이해관계자와 소통하고 부동산 자산을 추적하는 새로운 방법을 잡아 나가는 데에 도움이 됩니다. 유패드나 홈렌터 같은 하이브리드 또는 DIY 대행사, 아서 같은 자산 관리 툴, 애스크 포터 같은 지능형 로봇 등 새로운 기술을 활용할 수 있습니다. 그리고 이러한 앱의 활용사례는 어떤 것이 있을까요? 빅데이터, AI, 인터넷, 특히 모바일 인터넷, 소셜 미디어 등이 바로 그겁니다. 저희의 상위 앱 몇 개를 공유했으니 액세스하시려면 리소스 페이지를 꼭 확인하세요. 상위 앱 목록은 마지막 부분의 8페이지에 걸쳐 명시되어 있으며 자산 관리, 지도 작성, 평가, 작업 견적, 조회 서비스, 보증금 대체 서비스, 인테리어 디자인, 전자 서명 및 은행 업무를 포함한 30개 이상의 유형을 다루고 있습니다.

증강현실/가상현실AR/VR 및 드론을 포함한 시청각 기술 발달

가상현실은 새롭지는 않지만 더 저렴한 하드웨어와 더 분명해진 비즈니스 사례로 더욱 확고한 주류가 되었습니다. 팟캐스트 게스트 던 라일은 가상현실이 어떻게 우리가 이 비현실적인 세계에 빠져 있다고 믿게 만드는지 잘 설명해 주었습니다. AR과 VR은 계획과 설계, 검사와 보기, 마케팅과 판매, 드론에 장착하여 건물 유지 보수 및 시험 등 다양한 곳에 적용할 수 있습니다.

공유경제

여기에서 많은 부분을 다루었지만 결론적으로 공유경제 그 자체도 진화하고 있는 것 같습니다. 디지털 혁신이 도처에 등장하고 있기 때문에 지금은 P2P만이 아닙니다. P2P나 마이크로서비스 공급자, '중간자 없는 시장' 모두 일반적으로 디지털 경제의 확장에 포함됩니다. 앞서 말했듯이 경계가 흐려지고 있고 계속 그렇게 될 것입니다. 즉, 미래는 예측할 수 없으며 상당히 바뀔 가능성이 있습니다.

핀테크 또는 금융 기술

지난 18년에 걸친 인터넷과 특히 지난 5년 동안의 모바일 인터넷의 등장으로 더 많은 사람이 더 많은 금융 서비스를 보다 효율적으로 사용할 수 있게 되었습니다. 즉, 물리적 또는 지리적 제한 없이 항상 사용할 수 있으면서 더 빠르고 저렴하게 더 많은 고객을 상대할 수 있습니다. 사람들은 이제 디지털 서비스 제공을 기대합니다. 사람과 기계가 함께 작업합니다. 기계는 프로세스를 단순화하여 잘 훈련되고 경험이 많은 사람이 자신이 잘하는 일에 집중할 수 있도록 합니다.

블록체인 기술과 암호화폐

블록체인 기술은 어디에서 사용할 수 있습니까?

결제, 특히 소액 결제 및 해외 결제

부동산 교환 또는 경매

부동산 거래 및 자금 조달 - 예를 들어, 더 프로퍼티 보이스 팟캐스트의 게스트였던 마크 로이드Mark Lloyd와 함께 도미늄Dominium이라는 회사를 보세요.

임대 목록 및 관리

토지 등록

그 밖에 보험, 법률, 금융, 규제, 컴플라이언스 및 데이터 검증 등 블록체인 기술을 구축할 수 있는 분야

블록체인이 AI 및 사물인터넷과 결합된 모습을 잠시 상상해 보세요. 강력할 겁니다.

에드테크 또는 교육, 학습 및 개발

부동산 교육은 빠르게 성장하고 있는 에드테크 부문에서도 더욱 빠르게 성장하는 분야입니다. 실제로 많은 학습 리소스를 사용할 수 있습니다. 자기 주도 학습은 성장하고 있으며 동시에 새로운 미디어로 확산되고 있습니다. '지능'과 정보 소비 방식에 맞는 올바른 학습 리소스를 선택할 수 있도록 학습 유형과 지능 형태를 잊지 마십시오. 4S 모델(독학, 체계적 학습, 따라하기, 직접 체험)은 자신에게 가장 적합한 접근 방식 또는 혼합된 방식을 설정하는 데 도움이 됩니다. 즉, 배우는 데 도움이 되는 프롭테크를 활용할 수도 있지만, 자신의 유형에 맞는 방식으로 프롭테크에 대해 배우는 것을 택할 수도 있습니다.

빅 픽처, 스마트시티, 메가트렌드

그렉 린지Greg Lindsay는 더 큰 그림을 볼 수 있게 도와주었습니다. 예를 들어 메가트렌드의 일부, 특히 도시화, 에너지부족 및 이

동수단의 변화가 우리를 어떻게 인도하는지 말이죠. 스마트시티의 성장과 발전 – 예를 들어 더 적은 자동차와 더 많은 공유 교통 허브, 더 밀집된 생활, 지역 에너지 허브 등.

프롭테크와 관련된 미래에 대한 그렉의 예측...

지역공동체생활로의 복귀

단순한 자산이 아닌 서비스와 브랜드로서의 주택

프롭테크에 대한 더 많은 예측...

앤드류 바움은 단기적으로는 평가, 임대, 금융 분야에서 변화가 많이 일어날 것이라고 말했습니다. 부동산은 거래량이 적고 변화가 느리다는 특성이 있지만, 고액 자산가들이 이 분야에 크게 투자할 가능성이 있기 때문입니다.

앤드류는 또한 빅데이터와 AI를 통해 잠재적으로 장기적인 게임체인저를 보았고 '크로스오버'의 출현을 목격했습니다. 새로운 산악자전거나 자동차, 브래지어를 말하는 게 아니라 구글과 아마존이 기기 제조에 뛰어들고 라이트무브가 직접 집을 파는 것을 말하는 거죠! 또 다른 팟캐스트 게스트인 댄 휴즈는 이런 주제를 바탕으로 보험 회사인 L&G와 소셜 네트워크인 페이스북이 집을 짓고 있는 것에 대해 말했습니다. 앤드류는 잠재적인 게임체인저가 된 블록체인의 출현과 에너지 효율화에 도움이 되는 스마트홈 기기에 대해 몇 가지 생각을 갖고 있었습니다.

댄 휴즈는 또한 기술은 두려워할 대상이 아니며 우리를 도울 수 있다고 생각하라고 했습니다. 인간과 기계 간의 연결성 강화, 건물 설계 및 제조업의 발전이 그 길을 이끌 것입니다.

벤처 펀드 피아이 랩스PI Labs의 도미닉 윌슨Dominic Wilson은 프롭테크가 더욱 전통적이고 느리게 변화하는 산업의 생산성과 효율성을 개선하도록 도울 수 있다고 했습니다. 아마 혁명이라기보다는 진화겠지요. 우리가 팟캐스트 시리즈와 이 책을 통해 많이 들었던 문구입니다.

그리고 도미닉은 앞으로 나아가기 위한 몇 가지 조언을 해주었습니다.

앞으로 몇 년 동안 지켜봐야 할 몇 가지 분야: 콘테크(건설 기술), 인슈어테크InsureTech, 보험 기술 및 더 중점을 두는 분야: 요양원이나 생활 지원 시설

향후 몇 년 동안 주목할 기술: 인공지능과 블록체인

장기적인 생각: 공유경제의 성장, 부동산의 부분적 소유권 및 고객으로서의 소비자 증가 추세

마지막으로 제 조언과 예측이 여기 있습니다. 대부분 저보다 더 똑똑한 분들한테서 얻었거나 작년에 프롭테크 주제에 대한 엄청난 양의 자료를 읽고 연구하면서 얻은 겁니다.

빅데이터는 점점 늘어날 수밖에 없습니다. 생성된 모든 데이터의 90%가 지난 2년 동안 만들어진 것이라면 앞으로 2년 동안은 얼마나 만들어질까요?

AI와 기계가 여러분과 연관된 비즈니스에 등장할 겁니다. 곧! 로봇과 기계는 인간을 보완해 효율성을 높일 수 있지만 어떤 경우에는 우리를 대체하도록 만들어질 수도 있습니다.

사물인터넷은 데이터 전송 속도와 장치 연결 속도에 큰 변화를 일으켜서 모든 사물이 다른 모든 사물과 대화하게 하여 삶의 질을 개선하고 학습 속도를 높일 것입니다.

블록체인은 차세대 인터넷이 될 수 있습니다. 암호화폐가 아니더라도 탈중앙화된 데이터베이스가 부상할 것입니다.

새로운 건축 자재와 기법, 디자인은 건설 방법에 혁신과 생산성 향상을 가져올 것입니다. 최근에 저는 건물의 모든 유리를 에너지원으로 대체할 수 있는 반투명 태양 전지판을 만드는 신생 기업에 투자했고 프랑스의 한 가족이 3D 프린트로 만든 집으로 이사했다는 소식도 들었습니다.

부분적 및 기타 소유권 모델은 '서비스로서의 부동산' 및 거주자를 고객으로 대우하는 것과 함께 재택근무와 관련한 새로운 부동산 활용 모델을 만들어 낼 것입니다.

프롭테크의 미래를 엿보고 싶다면 크라우드 펀딩 사이트에 참여해 보실 것을 권합니다. 다른 것은 몰라도 사람들이 어떤 아이디어를 내놓는지 보는 것만으로도 흥미로우실 겁니다. 가입해서 지켜보세요. 모든 아이디어에 돈을 다 태울 필요는 없지만 대박이 터질지 누가 알겠어요?

거기에 공통적인 주제들이 있지 않나요?

요약 및 다음 단계

팟캐스트 시리즈를 진행하고 책을 펴내며 프롭테크의 출현과 프롭테크가 이미 우리 삶에 어떻게 영향을 미치기 시작했는지, 그리고 앞으로도 계속 그렇게 될 것이라는 사실에 눈을 뜨게 됐습니다. 저는 무엇보다도 '부동산 기술자'가 아니라 '부동산 투자자'이기 때문에 독자 여러분도 저처럼 이 책을 통해 프롭테크의 주제를 이해하고 배우는 것이 즐거우셨기를 바랍니다.

확실한 것 한 가지는 저를 포함하여 누구나 진보를 멈추게 할 수는 없다는 것입니다! 따라서 프롭테크가 더 발달함에 따라 이 책은 시간이 지나면서 자연스럽게 대체되겠지요. 집필한 지 약 석 달 만에 이 결론을 쓰면서도 프롭테크의 세계에서는 이미 상황이 달라졌고, 그래서 정보를 더해서 최신 상태로 업데이트하려고 출판을 늦추고 싶은 마음도 들었습니다. 하지만 현실적으로 이것은 결코 끝나지 않을 작업이겠죠. 그래서 나중에 참고하실 수 있도록 지금 보고 계신, 프롭테크의 원칙과 그림이 담긴 이 2018년 가을 타임스탬프를 그대로 남겨 두겠습니다. 하지만 저는 프롭테크 앱과 리소스들이 출시되고 업데이트된 다음에도 인기 프롭테크 앱과 리소스 리스트를 유지 관리해 나가고자 합니다. 그러니 책의 보너스 페이지를 방문하셔서 등록하시고 이 리스트를 업데이트 받으시기 바랍니다. 또한 저나 책과 팟캐스트의 다른 기고자, 그리고 어쩌면 더 넓은 프롭테크 커뮤니티의 특이하고 너그러우신 분들로부터도 한두 가지 다른 혜택을 받으실 수도 있습니다! 그리고 책의 PDF 버전과 관련 링크를 사용하실 수 있으며 수시로 업데이트 받으시기 바랍니다.

이 책의 무료 보너스를 받으려면 다음의 가입 페이지를 방문하세요.

https://www.thepropertyvoice.net/proptech-bookbonus-sign-up/

비밀번호: PropTech Book

이 책이 출간될 수 있도록 도와주신 많은 분께 진심으로 감사드립니다.

저는 호기심 많은 구경꾼으로 시작했지만 많은 분께서 저를 도와주시기 위해, 그리고 더 중요한 것은 독자 여러분께서 미래에 어떻게 살고 일하고 부동산을 활용할지에 큰 영향을 미칠 수 있는 프롭테크라는 주제를 더 많이 이해하실 수 있도록 시간과 지식, 네트워크, 통찰력을 공유해 주셨습니다.

여러분께서 프롭테크에 대해 더 많이 배우셨으면 합니다. 그리고 더 중요한 것은 저 같은 집주인/투자자/디벨로퍼나 프롭테크의 더 넓은 세계에서 영업하는 분이든, 단순히 집주인/거주자로서 생활 방식과 부동산 활용 방식을 개선하고자 하는 분이든 각자 자신의 부동산 세계에 프롭테크를 적용하시기를 바랍니다. 책 보너스에 가입하시는 것 잊지 마시고 원하시면 언제든지 연락하세요.

이메일 admin@thepropertyvoice.net 또는
웹사이트 www.thepropertyvoice.net를 통해 연락하실 수 있습니다

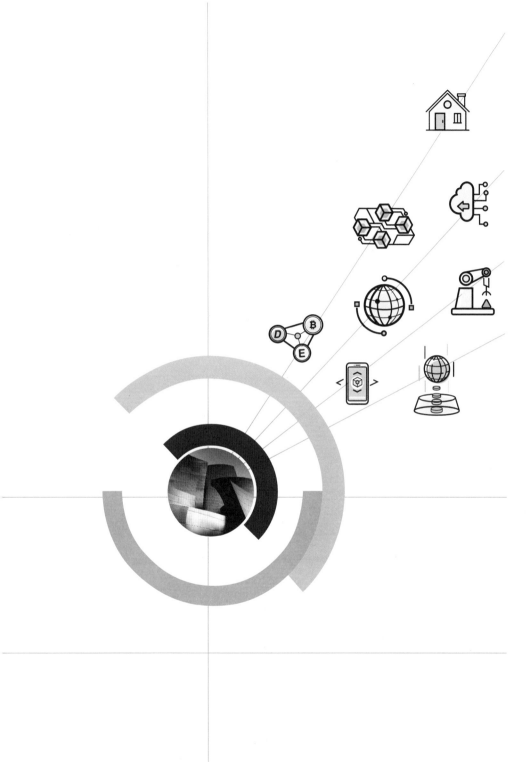

"기술은 멋집니다. 하지만 기술이 여러분을
이용하게 하는 것이 아니라 여러분이 기술을
사용해야 합니다."

- 프린스(Prince)

역자 후기

부동산Property과 기술Technology의 결합을 뜻하는 프롭테크라는 단어가 우리나라에 소개된 지도 5년이 지났습니다. 하지만 아직 일반인들은 물론, 부동산 업계에 있는 사람들도 이 단어에 익숙하지 않습니다.

저희 셋은 건국대학교 부동산 대학원에서 공부하면서 부동산산업이 앞으로 프롭테크를 기반으로 발전할 것이라고 생각하고 프롭테크의 기본 개념을 잘 정리해 누구에게나 알기 쉽게 설명하고자 이 책을 준비했습니다.

처음에는 새로운 책을 써볼까 했지만 세 명 모두 직장생활을 병행하고 있어 연구의 내용과 깊이에 한계를 느꼈습니다. 다행히 프롭테크선진국인 영국의 사례를 이해하기 쉽게 정리한 책이 있어 그 번역본을 여러분께 소개합니다.

몇 달 동안 정성 들여 번역했지만 전문 번역가나 연구자가 아닌 만큼 번역이 다소 매끄럽지 못하거나 용어가 부정확하기도 한 점은 양해하여 주시기를 부탁드립니다. 관련 사례나 해설을 더해 좀 더 알차게 만들지 못한 점은 저희에게도 아쉬움으로 남습니다.

한편, 다른 나라의 사례를 번역하다 보니 우리나라의 프롭테크 발전상도 영국을 비롯한 세계 각국에 소개하고 싶다는 생각이 들었습니다. 틈틈이 조사하고 연구하여 빠른 시일 내에 책을 펴낼 수 있도록 노력하겠습니다.

이 책을 만드는 동안 따뜻하게 격려해주신 건국대학교 부동산대학원의 유선종 프롭테크 주임교수님, 지도와 조언을 아끼지 않으신 남성태 겸임교수님, 막막하기만 하던 출판 작업을 구체화하고 이끌어 준 무블출판사 이재유 대표, 궁금한 점이 있을 때마다 도움을 준 대학원 동문들, 그리고 주말마저 소홀했던 가장을 이해해 준 아내와 가족들에게 특별히 감사의 말씀을 드립니다.

Introduction

1. 전 세계의 모든 데이터 중 90%가 최근 2년새 만들어졌습니다

https://www.ibm.com/blogs/insights-on-business/consumer-products/2-5-
quintillion-bytes-of-data-created-every-day-how-does-cpg-retail-manage-it/

2. 체스판의 후반부

https://medium.com/of-all-things-tech-progress/summary-of-the-second-machine-
age-28f5ad99c7bb

1장 - 건설 기술(콘테크)

1. 영국에서 건설된 신축 주택의 수

https://www.bbc.co.uk/news/business-42055623

2. 모듈형 건축 투자 규모

https://www.mortgageintroducer.com/firms-investing-modular-housing/

3. 모듈형 건축 예산 급증

https://www.telegraph.co.uk/business/2017/11/26/lg-accelerates-housebuilding-
large-sites-budget-boost

4. 버클리 홈즈는 모듈형 주택 공장을 지었습니다

5. RIBA 연구 결과 신규 주택 구입 수요는 많지 않음

https://www.brand-newhomes.co.uk/RIBA-Case-for-space-2011.pdf

6. 벽돌공 로봇 해드리안 X

https://www.fbr.com.au/

7. 하이게이트의 '3D 프린팅한' 주택

https://www.ft.com/content/99bd10aa-519c-11e5-b029-b9d50a74fd14

8. 애피스 코 Apis Cor의 '3D 프린팅한' 주택 https://www.telegraph.co.uk/
technology/2017/03/03/incredibly-cheap-house-3d-printed-just-24-hours/

9. 영국의 연간 건설 재해 https://www.hse.gov.uk/statistics/industry/construction/
construction.pdf

10. 3D 건축과 보험

https://www.iamagazine.com/strategies/read/2017/08/23/how-will-3d-printing-
impact-in-surance

11. 건축 자재를 만들기 위해 사용하는 3D 프린팅

https://www.theguardian.com/sustainable-business/2017/jan/31/building-by-numbers-how-3d-printing-is-shaking-up-the-construction-industry

12. 마드셀 Modcell 모듈형 스트로 베일 패널

https://www.constructionnews.co.uk/companies/supply-chain/beyond-the-bale-modcellsmashes-stereotypes-with-straw-solutions/8679323.article

13. 목재 주택에 대한 모기지 대출

https://www.merronbrook.co.uk/faqs

14. 기존의 상식을 파괴하는 나노기술

https://www.ecobuildingpulse.com/products/five-innovative-building-materials-shaping-the-future-of-architecture_s

15. 우수한 단열을 제공하는 ICF 패널

https://www.logix.uk.com/beat-the-beast-from-the-east

16. 개발업자를 불러들이는 주택건설펀드

https://www.gov.uk/government/publications/ home-building-fund/an-introduction-to-thehome-building-fund

17. 임대용 주택이 일으킨 런던 부동산 시장의 변화

https://www.ldevents.net/news/how-build-rent-changing-london-property-narrative/

18. 셀프건축에 대한 정부 가이드

https://www.gov.uk/guidance/self-build-and-custom-housebuilding

19. 올드오크(Old Oak)에 제공되는 콜렉티브(Collective) 서비스

https://www.thecollective.co.uk/coliving/old-oak

20. 최소 에너지 효율 기준

https://www.rla.org.uk/landlord/guides/minimum-energy-efficiency-standards.shtml

21. 합리적인 비용으로 충족하는 에너지 효율 기준

https://www.businessgreen.com/bg/news/3015003/new-rules-could-let-landlords-off-thehook-for-energy-efficiency-improvements

22. RHI 개요

https://www.ofgem.gov.uk/environmental-programmes/domestic-rhi/about-domestic-rhi

2장 – 스마트홈과 사물인터넷

1. 네스트(Nest) 평균 에너지 절감률

https://nest.com/uk/support/article/eu-savings

2. 집주인을 위한 스마트 온도조절기

https://www.inspirehomeautomation.co.uk/landlords.php

3. 아마존이 만드는 스마트 냉장고

https://thespoon.tech/is-amazon-considering-making-a-smart-fridge-probably-not-butmaybe/

3장 - 빅데이터, 인공지능(AI), 툴, 앱

1. 전 세계 인터넷 사용자 수

https://thenextweb.com/contributors/2017/04/11/current-global-state-internet/#.tnw_iUh-kTTm1

2. 부동산 데이터 사용이 다른 분야에 뒤처진다

https://realyse.com/blog/post/future-property-data-efficiency

3. 세틀드(Setteld) 법무 서비스 비용 절감

https://www.settled.co.uk

4. Gazumping - 판매자가 한 구매자의 제안을 받아들인 후 다른 구매자의 더 좋은 제안을 선택하는 행위.

Gazundering - 최초의 제안이 수락된 후 구매자가 제안 금액을 줄이는 것.

Gazanging - 판매자가 제안이 수락된 후 손을 떼는 행위, 대개 단순한 '마음의 변화'로 인한 것.

5. 세틀드(Settled)의 계약파기 방지 기능은 100% 성공률을 보장

https://www.settled.co.uk/blog/product-update-strengthen-secure

6. 라이트무브(Rightmove)의 데이터 서비스

https://www.rightmove.co.uk/data

7. 스티븐 호킹(Stephen Hawking)은 AI의 위험을 경고한다

https://www.bbc.co.uk/news/technology-30290540

8. 호킹(Hawking)의 견해는 미디어에서 제시한 것보다 훨씬 균형이 잘 잡혀 있다

https://www.theguardian.com/science/2016/oct/19/stephen-hawking-ai-best-or-worstthing-for-humanity-cambridge

9. 챗봇 인포그래픽의 역사

https://futurism.com/images/the-history-of-chatbots-infographic/

10. 페이스북의 TFL 여행 봇

https://facebook.com/tfltravelbot

11. 두낫페이(DoNotPay)의 무료 법률 봇

https://techcrunch.com/2017/07/12/donotpay-launches-1000-new-bots-to-help-you-withyour-legal-problems/

12. 돔(Dom) - 도미노피자의 피자 주문 봇

https://www.dominos.co.uk/easy/

13. Tay - 챗봇이 제멋대로 굴 때!

https://www.theguardian.com/technology/2016/mar/30/microsoft-racist-sexist-chat-bot-twitter-drugs

14. 챗봇이 즉시 무료평가판을 제공한다

https://roboval.co.uk/

15. 챗봇이 어떻게 부동산산업을 발전시키는가

https://realestatetechnews.com/blog/how-chatbots-will-improve-the-real-estate-industry

16. 머신러닝이 어떻게 부동산에 영향을 주는가

https://www.linkedin.com/pulse/artificial-intelligence-machine-learning-real-es-tate-rob-parker-mrics

4장 – 시청각 기술의 진보

1. VR의 역사

https://en.wikipedia.org/wiki/Virtual_reality

2. 벽돌을 쌓기 전 VR로 실제같이 경험

https://icreate.co.uk/virtual-reality-augmented-reality-property-marketing-can-be-lieve-hype/

3. 학생들도 이제 VR을 활용

https://www.vrfocus.com/2017/10/students-can-now-view-propertys-in-vr-with-universi-ty-cribs/

4. VR로 신축 건물 꾸미기

https://www.marxentlabs.com/ar-solution/visualcommerce-showroom/

5. 드론이 어떻게 TV 제작에 혁명을 일으키고 있는가

https://www.independent.co.uk/arts-entertainment/tv/planet-earth-ii-sir-david-attenborough-how-drones-are-transforming-tv-production-a6898336.html

6. 위험 지역 측량 시 인간보다 뛰어난 드론의 이점

https://www.asctec.de/en/uav-uas-drone-applications/uav-civil-engineering-buliding-stock-condition-survey/

7. 환경적 측면에서 드론의 이점

https://www.rics.org/uk/knowledge/glossary/drones-and-surveying/

8. 부동산 마케팅 측면에서 드론의 이점

https://droneblog.com/2017/04/17/flying-high-guide-to-using-drones-to-market-your-real-estate-property/

9. 무인항공기(UAV) 관련 위험 및 법률

https://www.caa.co.uk/Commercial-industry/Aircraft/Unmanned-aircraft/Small-drones/

Regulations-relating-to-the-commercial-use-of-small-drones/

10. 긴급 공사에서 드론 사용

https://www.bath.ac.uk/research/news/2016/02/17/robotic-drones-to-%E2%80%98print%E2%80%99-emergency-shelters-for-those-in-need/

11. 네팔 지진 재건을 위한 세계은행 대출

https://www.news24.com/World/News/world-bank-signs-300m-loan-for-nepal-quake-reconstruction-20180121

5장 - 영업, 마케팅 그리고 공유경제

1. 영국 공유경제 측정 방법을 찾고 있는 ONS(영국통계청)

https://www.ons.gov.uk/economy/economicoutputandproductivity/output/articles/thefeasibilityofmeasuringthesharingeconomy/november2017progressupdate

2. 공유경제의 바탕이 되는 관련 기술의 확산

https://www.dhl.com/content/dam/downloads/g0/about_us/logistics_insights/DHLTrend_Report_Sharing_Economy.pdf

3. 사지드 자비드 엠피(Sajid Javid MP)의 공유경제 정의

https://www.sharingeconomyuk.com/publications

4. 밀레니얼 세대는 소유에서 멀어짐

https://www.pwc.com/us/en/technology/publications/assets/pwc-consumer-intelligence-series-the-sharing-economy.pdf

5. 아무것도 소유하지 않는 것의 어두운 면

https://www.theguardian.com/technology/2016/oct/17/sharing-economy-capitalism-uber-airbnb-ownership

6. 영국공제(SEUK) 무역기구의 목적

https://www.sharingeconomyuk.com/objectives

7. 중국에서 공유자전거가 급성장

https://www.bikebiz.com/landscape/dockless-booming-in-china

8. 인간의 본성, 공유경제 비즈니스의 문제점

https://www.theverge.com/tldr/2017/7/10/15947590/chinese-umbrella-sharing-startup-lost-300000

9. 우리 세금으로 공유경제 비즈니스에 보조금을 주는가

https://www.independent.co.uk/voices/uber-sharing-economy-your-taxes-subsidise-it-too-a7563611.html

10. EU는 우버(Uber)가 택시 서비스라고 언급

https://uk.businessinsider.com/top-european-court-says-uber-is-a-taxiservice-2017-12

11. 에어비앤비(AirBnB)는 런던 임대 기간에 90일 제한을 둠

https://www.airbnb.co.uk/help/article/1379/responsible-hosting-in-the-united-kingdom

12. 공유경제에 의해 파괴적 혁신이 일어날 정도로 성숙한 산업

https://www.schroders.com/en/sysglobalassets/digital/insights/2016/pdfs/responsible-in-vestment/the-sharing-economy/the-sharing-economy-report-final.pdf

13. 버클레이즈(Barclays)는 2040년까지 자동차 절반이 자율주행차가 될 것이라고 함

https://www.investmentbank.barclays.com/content/dam/barclaysmicrosites/ibpublic/doc-uments/investment-bank/global-insights/barclays-disruptive-mobility-pdf-120115-459kb.-pdf

14. 빔(Beam)을 통한 노숙자 대상 크라우드 펀딩 훈련

https://www.wearebeam.org/

15. 비마이아이즈(Be My Eyes)를 통하여 시각 장애인과 화상 공유

https://www.bemyeyes.com/

6장 - 금융 기술(핀테크)

7장 - 블록체인 기술과 암호화폐

1. 암호화폐와 블록체인- 비전문가를 위한 설명

https://medium.freecodecamp.org/explain-bitcoin-like-im-five-73b4257ac833

2. 브릭블럭(Brickblock) 부동산 개발 펀드

https://www.brickblock.io/real-estate.html

3. 카이 캐피털(Cai Capital) - 비트코인으로 해외부동산 매물을 내놓은 첫 번째 기업

https://www.completepropertygroup.co.uk/uk-real-estate-investment-firm-first-place-bitcoin-price-tag-international-properties-sale/

4. 녹스 그룹(Knox Group) - 비트코인으로 대금을 지급받은 부동산 디벨로퍼

https://ennessdevelopment.co.uk/property-development-bitcoin/

5. 비트코인으로 팔린 첫 번째 집

https://www.propertyindustryeye.com/first-bitcoin-homes-sold-in-the-uk-as-crypto-investors-cash-in/

6. 비트코인으로 임대료를 받은 런던의 디벨로퍼

https://www.theguardian.com/money/2017/sep/04/london-rental-tenants-deposits-bitcoin-collective-rent

7. 2억 파운드의 자산을 블록체인으로 거래한 플랫폼

https://www.clicktopurchase.com/Home

8. 하버(Harbor)

https://harbor.com/

9. 트러스트미(TrustMe)

https://www.u-trustme.com/

10. 도미니엄(Dominium)

https://dominium.me/

11. 프롭코인(PropCoin)

https://www.prop-coin.com/

12. 렌트베리(Rentberry)

https://rentberry.com/

13. 블록체인은 어떻게 주택 시장을 탈바꿈시키는가

https://theconversation.com/how-the-blockchain-will-transform-housing-markets-75691

14. 블록체인은 어떻게 보험산업을 탈바꿈시키는가

https://www-935.ibm.com/services/us/gbs/thoughtleadership/trustininsurance/

8장 – 학습과 진보(에드테크)

1. 하워드 가드너(Howard Gardener)의 9가지 지능 형태

https://blog.adioma.com/9-types-of-intelligence-infographic/

2. 70/20/10 학습 모델

https://en.wikipedia.org/wiki/70/20/10_Model_(Learning_and_Development)

3. 영국에는 집주인이 몇 명이나 있을까?

https://homelet.co.uk/letting-agents/news/article/how-many-landlords-and-tenants-arethere-in-the-uk

4. 학습 방법을 혁신하는 에드테크(EdTech) 스타트업 5개사

https://www.uktech.news/news/industry-analysis/five-edtech-startups-looking-to-revolutionise-how-we-learn-20180530

9장 – 빅픽처, 스마트시티 그리고 메가트렌드

1. 한눈에 보는 세계 경제사

https://www.theatlantic.com/business/archive/2012/06/the-economic-history-of-the-last-2-000-years-in-1-little-graph/258676/

2. 런던 부동산 가격을 좌우하는 외국인 투자자

https://www.theguardian.com/business/2014/feb/01/rich-overseas-investors-uk-eu-housing-market

3. 영국 통계청 추산 고령자 인구

https://www.ons.gov.uk/peoplepopulationandcommunity/populationandmigration/popu-lationprojections/compendium/subnationalpopulationprojectionssupplementaryanalysis/2014basedprojections/howthepopulationofenglandisprojectedtoage

4. 고령자에게 적합한 주택의 만성적인 부족

https://www.local.gov.uk/sites/default/files/documents/5.17%20-%20Housing%20our%20ageing%20population_07_0.pdf

5. 영국 복지부(NHS)의 고령자 복지주택 지원 비용은 매년 5억 파운드

https://www.bre.co.uk/healthbriefings

6. UN 세계 도시화 전망 2018

https://www.un.org/development/desa/publications/graphic/world-urbanization-prospects-2018-more-megacities-in-the-future

7. 메가트렌드가 가진 의미에 대한 PWC 보고서

https://www.pwc.com/gx/en/government-public-services/assets/five-megatrends-implications.pdf

8. 영국의 임대수익률 상위 도시

https://www.uown.co/learn-articles/the-best-places-in-the-uk-to-invest-in-property-in-2018

9. 점점 늘어나는 식량, 에너지, 물 수요

https://uk.businessinsider.com/mega-trends-could-change-world-by-2030-20167/?r=US&IR=T/#4-growing-demand-for-food-water-and-energy-4

10. 자원 부족으로 갈등과 동맹이 발생

https://www.pwc.com/gx/en/government-public-services/assets/five-megatrends-implications.pdf

11. 스마트시티의 정의

https://www.centreforcities.org/reader/smart-cities/what-is-a-smart-city/1-smart-cities-definitions/

12. 스마트시티가 증가하는 도시화 문제를 완화할 수 있을까?

https://www.schroders.com/en/uk/private-investor/insights/markets/do-only-smart-citieshave-the-answer/

13. 바르셀로나(Barcelona) – 세계에서 가장 잘 연결된 도시?

https://fortune.com/2015/07/29/barcelona-wired-city/

14. 영국 운전자들은 1년에 4일을 주차공간 찾는 데 소비

https://www.telegraph.co.uk/news/2017/02/01/motorists-spend-four-days-year-lookingparking-space/

15. 효율을 높여주는 스마트시티

https://www.smartinvestor.barclays.co.uk/invest/investment-insight/investment-ideas-and-strategies/investing-in-the-future-of-smart-cities.html#

16. 스마트시티 기술을 도입한 스코틀랜드 도시

https://www.cityam.com/258074/essential-facts-you-need-know-weeks-smart-cities-uk

#프롭테크

부동산 기술은 어떻게 세상을 바꾸는가

Copyright ⓒ 2018 Richard W J Brown (The Property Voice)

1판 1쇄 인쇄 2021년 2월 1일   1판 1쇄 발행 2021년 2월 8일

지은이 리처드 W J 브라운
옮긴이 김병직 정재헌 주창욱
펴낸이 이재유
디자인 위볼린

펴낸곳 무블출판사   출판등록 제2020-000047호(2020년 2월 20일)
주소 서울시 강남구 영동대로131길 20, 2층 223호(우 06072)
전화 02-514-0301   팩스 02-6499-8301   이메일 0301@hanmail.net

값 16,000원   ISBN 979-11-971489-9-6 (03320)